世界哲學史 6

世界哲学史6——近代 I 啓蒙と人間感情論

近代篇（I）啟蒙時代的思想變革：理性與情感

伊藤邦武／山內志朗／中島隆博／納富信留 主編
張哲鳴 翻譯
山村奨 監譯

目次

contents

PROLOGUE

前言

伊藤邦武

長期以來，「哲學史」的研究對象僅限於西方世界，將其他地區和傳統排除在這個框架之外。然而，當今的世界正步入一個新時代，這個時代已超越了西方文明的範疇，多元的價值觀與傳統正在交織融合。

因此，新的「世界哲學」構想應在哲學領域中以全球視角提出問題，這是嘗試從「世界」觀點重新審視哲學的本質，而非僅僅是羅列各地的哲學活動。作為亞洲的一部分，日本既汲取了西方的文明，又發展出自身獨特的文化。在「世界」的宏觀視角下，日本對「世界哲學史」的思考與貢獻，應能對哲學領域產生深遠影響。

本系列「世界哲學史」正是基於這一根本構想，至此已探討了古代、中世紀、近世等各時期的世界哲學，而本冊與第七冊則將介紹近代哲學。整體而言，本冊主要聚焦於十八世紀的哲學，第七冊則側重於十九世紀的哲學。

然而，僅從西方哲學史的角度來考察這兩個世紀的近代哲學，並試圖以「世界哲學史」的觀點加以統攝，將面臨許多不同於古代和中世紀哲學的挑戰。因為從另一個角度來看，世界的「哲學」正是在「近代」這一時期逐漸演變為「西方哲學」的結晶。

西方世界在近代文明上的優勢始於十七世紀的科學革命，並在十八世紀的英國、美國和法國政治革命、以及十九世紀的工業革命與帝國主義擴張下加速，最終將其影響力擴展至全球。由於哲學與西方文明的優勢關係密切，日本在明治維新期間迅速吸收的正是西方的近代哲學。

距今超過一百五十年的明治維新，當我們重新審視這一時代，試圖在西方近代哲學中發掘那些未被近代化進程掩蓋、並與隨後開展的現代世界相連的思想萌芽，並非不可能。這種反思不僅是將政治與社會的歷史發展視作思想上的優勢，而是從超越西方框架的廣闊視角出發，透過對文明霸權的內在批判，探求人類本性與靈魂應有的普遍性。這樣的態度早已存在於近代哲學之中。

若我們將目光轉向同一時代的非西方世界，便能發現那些與追求普遍性視角的思考產生共鳴，並試圖共享問題意識的思想運動之具體樣貌。本冊正是基於這一理解，嘗試梳理此時期全球各地的哲學動向，探索思想上多種共鳴的契機。

CHAPTER

one

第一章 啟蒙的光與影

伊藤邦武

啟蒙の光と影

一、前言

何謂啟蒙

啟蒙，意味著「啟迪蒙昧」。「蒙」意指昏暗，不諳道理；「啟」則為消除無知，賦予正確的知識。作為中文，據說此字詞是在西元二世紀時開始被使用，意為「導正大眾輿論之錯誤」，並於十五世紀時出現於日本文獻當中。

另一方面，啟蒙的英文是Enlightenment，法文是Lumières。在英語中Enlightenment 代表著「照亮」，包含著從迷妄中覺醒、脫離黑暗的意思，但該字詞在使用上並不像「啟蒙運動」深受局限。例如，佛教裡的「解脫」一詞，用英文呈現亦是Enlightenment。釋迦牟尼被稱為佛陀，意為「覺悟之人」，這體現了佛陀作為開悟者的重要性，即the Enlightened person。

佛陀的核心教義認為，人類因與生俱來的迷妄與強烈執著而陷於苦難，並在此基礎上尋求解脫的方法。同時，佛陀將哲學反思和探求的重心放在心靈從扭曲狀態中的解放過程，藉此擺脫婆羅門教的傳統宗教框架。因此，「啟蒙」這個賦予光明的活動，有時也用來指代宗教的再生與復興。不僅限於佛教，十八世紀猶太教內部的啟蒙運動以及十九世紀的伊斯蘭復興運動，也常被視為各自宗教歷史中的「啟蒙期」。

本書第八章「伊斯蘭的啟蒙思想」探討了十九世紀至二十世紀初阿拉伯地區的「復興運動」（The Ennahda Movement），其含義包括「覺醒、重生、復興」。此章說明了當時伊斯蘭世界的啟蒙思想家如何在傳承既有文化的同時，真誠地與西方現代文化對話，尊重寬容與多樣性，並追求人類的普遍性。

當我們盡可能廣泛地理解「啟蒙」一詞的意涵，便可發現此思想能夠成為全球各種思想運動的基礎。儘管「解脫」和「從迷妄中解放」這些概念存在於不同傳統中，但西方近代的「啟蒙主義」思想卻具有其他傳統思想中不具備的特殊躁動感。

西方近代的啟蒙主義

西方近代的啟蒙主義之所以帶有特殊的躁動意涵，乃是因為其作為政治思想的重要支柱，直接或間接地影響了十八世紀西方世界一系列重大變革，如英國的光榮革命、美國的獨立戰爭以及法國大革命等。這些政治動盪在當時可謂世界級歷史事件，而日本正值江戶時代，因鎖國政策的限制，幾乎對這些變革毫無所知。從這個角度來看，啟蒙主義作為政治思想，對日本並未產生顯著的影響，當時整個東方世界的情況大致也是如此。

然而，西方社會在歷經十八世紀的重大變革後，透過大規模的工業革命和帝國主義式的殖民政策，逐步在全球範圍內確立了其霸權，啟蒙主義的政治理念也隨之傳播到世界各地。這對於西方從近代進入現代的世界歷史，具有決定性的意義。儘管啟蒙主義思想傳播至西方以外世界的過程相當漫長，但其中所提出的人權和民主主義理念，後來在全球各地以不同形式被廣泛採納，這已是不爭的事實。尤其是在二十世紀幾次世界大戰和殖民地獨立戰爭中，西方啟蒙主義的政治思想扮演了極其重要的角色。

另外，西方的啟蒙思想除了可以理解為社會從舊有體制、專政和絕對君權中解放的政治意涵外，還能被視為對人類精神的獨特理解。從這個角度來看，啟蒙時代的思想家們在對人類的理解中呈現出一種緊張的狀態，帶有過去哲學中未曾見過的扭曲。因此，啟蒙主義中的人類理論不僅僅是單純的解放思想，而是在這些思想背後隱含著更為複雜的精神內涵。

在西方近代所謂的啟蒙思想運動中，既展現了「光明」的璀璨，也伴隨著由光明所產生的陰影與黑暗。因此，我們可以說，西方近代啟蒙思想的發展，本應是一場追求光明的運動，但它並非僅僅如一道強光照亮黑暗的時代那麼簡單，而是同時帶有複雜的陰影和深層的矛盾。

在此，所謂人類精神中光影之間的緊張關係，簡單來說就是人類理性所展現的光明與黑暗兩面。理性可以作為我們在黑暗中的指引之光，然而它強烈的光芒也可能蒙蔽我們的雙眼，將我們引入不同層次的困惑或混沌。理性在幫助我們打破對自然的偏見的同時，也有可能破壞我們的「自然狀態」，從而對人類的精神世界帶來瘋狂與不安。

理性是否為人類的自然狀態

因此，對於人類精神而言，理性既是自然的狀態，也是非自然的狀態。能將因理性影響而變得不自然的精神狀態恢復到自然狀態的，是理性所無法提供的精神治癒力量，也就是所謂的情感作用。情感作為啟蒙的陰影面，削弱了啟蒙帶來的影響力。那麼，理性與情感，究竟哪一個才是人類在自然狀態下與生俱來的能力呢？正因為在「理性與情感」理論上的糾結，導致許多西方近代啟蒙思想家之間的對立，而這種對立也賦予了西方近代思想其他啟蒙運動中未曾見過的哲學張力與動能。

接下來，我將概述充滿張力的西方啟蒙思想所蘊含的動能，而很快我們便會明白，這種動能並不僅限於西方傳統思想。西方的人類情感理論在某些層面上，能與東方完全不同的傳統思想產生共鳴。本書的幾個章節將逐步幫助讀者清晰地體會到這一點。在本篇序論的最後，我將再簡要提及這個觀點。

那麼，為什麼在以十八世紀為中心的西方近代啟蒙思想中，理性與感性之間會孕育出東方尚未出現的內在張力呢？要理解這一點，首先必須聚焦於「自然之光」（lumen naturale）的概念。「自然之光」誕生於中世紀的經院哲學，其後在十七世紀伽利略（Galilei, 1564-1642）和笛卡兒（René Descartes, 1596-1650）的思想中，不僅改變了原有的意義，還被賦予了強烈的哲學內涵。這一概念最初在經院哲學中被稱作「理性之光」或「自然的理性之光」，並與「恩典之光」、

「啟示之光」、「信仰之光」等概念區分開來。它指的是，即使未受到特殊的恩典，作為受造者的亞當仍具有由神賦予的天生能力。這種能力並非與恩典之光對立，反而被視為通往恩典之光的預備能力。

自然之光

然而，隨著十七世紀伽利略與笛卡兒的出現，人們開始強調，將人類從經院哲學和亞里斯多德主義所帶來的偏見、謬誤、迷妄與混亂中解放出來的，正是自然理性的作用所揭示的真理。他們主張，受自然之光照耀的理性能力，並非經由感覺知覺的形式，即所謂次級性質（Secondary qualities）來理解世界；而是以一種透視的視角，透過數學化與機械論的方式，僅依據原始性質（Primary qualities）來分析和描述世界。因此，「自然與恩典」這一驅散世界黑暗的光之泉源，已不再僅僅是區別的關係，而是演變為對立的狀態，甚至被重新定義為超越對立的脫節關係。

儘管笛卡兒及後來的萊布尼茲（Gottfried Wilhelm Leibniz, 1646-1716）承認他們的形上學思考與數學和自然哲學密切相關，但他們僅強調，基於自然之光的形上學與由恩典之光帶來的真理——在教會中教授、在大學神學院中討論的理論——處於不同層面。他們並未主張即便沒有恩典之光，所有真理也會完美地賦予人類。他們只是指出，即使不依賴啟示所帶來的真理，人類的理性依然足以證明神的存在，並能在理解神之本質的基礎上，獲取大量關於世界物理性質的知識。

然而，在強調理性力量的理性主義者之後，出現了更為激進的理性至上主義者。他們主張，宗教的所有真理都應該透過理性來完全理解，並且認為接受奇蹟等「超常現象」（paranormal）不僅無益於宗教，反而有害。這種理性至上主義的觀點逐漸在思想界廣泛傳播，這就是「理神論」（Deism）的思想，認為所有宗教的真理基本上都可以依賴理性來建構。其代表人物包括出版了《基督教之合理性》（*The reasonableness of Christianity*）的英國思想家約翰·洛克（John Locke, 1632-1704），以及立場更為激進的約翰·托蘭德（John Toland, 1670-1722）。本書所探討的西方近代啟蒙主義，正是源於這種純粹理性主義的思想，並在理神論的宗教觀中得以充分體現。以自然之光啟蒙的最基本意義在於掃除不合理的奇蹟與迷信，皈依理性純粹的哲學真理。這是一條與傳統「迷信」徹底抗爭的道路。

當然，由於人類的理性是與恩典相對立的精神自然作用的能力，當我們過於強調理性的力量時，便會引發一個新的問題——理性本身究竟是否「自然」？難道理性的運作不會因其過度發揮而導致瘋狂與混亂的可能性嗎？或者，如果人類精神的本質是順應情感的自然流露，那麼對計算智能和推理理性的過度重視，是否會造成一種人為的曲解，從而扭曲我們對世界的理解呢？

十七世紀，歐洲精神因理性這道強大的自然之光而覺醒。然而，進入十八世紀後，人們開始被一個前所未有的複雜問題所困擾：人類的自然本質究竟是根植於理性，還是情感？啟蒙主義這一哲學思潮催生了光榮革命與法國大革命，這些思想在政治上展現出革新與革命的特質，同時在人類精神的本質及其自然性層面，亦蘊含著相當複雜的緊張關係。在此，我將透過探討啟蒙時代幾位代表性思想家的觀點，簡要概述其中的緊張關係。

二、啟蒙運動中的理性與情感

英國與法國的啟蒙主義

歐洲的啟蒙運動是十八世紀中葉在英國與法國興起的特殊思潮。在英國，法蘭西斯・哈奇森（Francis Hutcheson, 1694-1746）、大衛・休謨（David Hume, 1711-1776）、亞當・史密斯（Adam Smith, 1723-1790）等人，以蘇格蘭啟蒙運動之名，在愛丁堡大學為中心發展出獨特的道德哲學——「道德情感理論」（The Theory of Moral Sentiments）。而在法國，啟蒙思想則以文化活動的形式推廣，代表之一便是由德尼・狄德羅（Denis Diderot, 1713-1784）與尚・勒朗・達朗貝爾（Jean le Rond d'Alembert, 1717-1783）領導的大規模《百科全書》（*Encyclopédie*）出版計畫，成為法國啟蒙運動的象徵。正如其理論名稱所示，前者提出了強調情感的人類理論，而後者則熱烈讚頌科學理性的價值。

因此，蘇格蘭與法國成為十八世紀歐洲啟蒙主義運動的兩個焦點，儘管兩者的側重點有所不同，但不必將它們視為完全不同的運動。例如，伏爾泰的《英國書簡》（一七二九年）在法國被稱為向舊制度投下的「第一顆炸彈」。這部作品如其名，主張與其將笛卡兒奉為典範，不如以牛頓的科學為模範，推動經驗主義式的探究活動，帶有強烈的政治宣傳性。而狄德羅等人編纂的《百科全書》，則是眾多學者以合著形式，將伏爾泰思想具象化的重要作品。

孔多塞

此外，從尼古拉・德・孔多塞（Nicolas de Condorcet, 1743-1794）所著的《人類精神進步史表綱要》（*Sketch for a Historical Picture of the Progress of the Human Mind*, 1793），這部被稱為「啟蒙思想遺書」的作品中，可以窺見狄德羅流派的啟蒙思想曾與蘇格蘭流派的啟蒙思想共存。孔多塞作為一名思想家，試圖透過社會數學等嶄新理論，為法國的政治思想帶來新的思維。然而，在法國大革命期間，他因站在吉倫特派[1]立場批評共和元年憲法而被判處死刑。在逃亡期間，孔多塞撰寫了這本歷史專著《人類精神進步史表綱要》，他將整個歷史分為三個階段：人類的黎明期、西歐的人類精神、以及人類精神的未來。他認為第二階段是由笛卡兒所開啟的，並引申為對人類美好未來的憧憬。

孔多塞以極其樂觀的態度讚頌人類理性的能力，其思想後來由亨利・德・聖西門（Henri de

Saint-Simon, 1760-1825）與奧古斯特・孔德（Auguste Comte, 1798-1857）繼承。此外，孔多塞持有女性主義觀點，對於未來女性在社會中所扮演的角色寄予高度期望，而他將這種態度歸功於其妻索菲・德・格魯西（Sophie de Grouchy, 1764-1822）的影響。索菲是英國的亞當・史密斯與湯瑪斯・潘恩（Thomas Paine, 1737-1809）著作的第一位法語譯者，她弟弟伊曼紐爾・德・格魯西（Emmanuel de Grouchy, 1766-1874）是拿破崙戰爭中拿破崙的心腹之一。無論如何，從孔多塞夫婦的身上，我們可以清楚看到法國與英國的啟蒙思想在他們之間毫無違和地共存。

因此，對於某些啟蒙思想家而言，理性與情感並非無法並存的。然而，無疑也有一些思想家敏銳地意識到理性中的不自然性，並認為在啟蒙這一精神運動中，需要擺脫對理性的過度依賴，將重心放在人類情感的自然流露上。作為代表，我們可以舉出兩位對理性持存疑態度的哲學家——法國的尚—雅克・盧梭（Jean-Jacques Rousseau, 1712-1778）和英國的大衛・休謨——他們皆關注著埋沒於啟蒙運動光輝下的理性陰暗面。以下簡單介紹兩人的思想。

1 譯註：吉倫特派是法國大革命期間的溫和共和派，名稱源自吉倫特省（Gironde），因其領導人物多來自該省。主要成員來自商業階層和中產階級，主張有限的共和制，強調個人自由、法治和國家統一，並支持對外革命戰爭，試圖透過擴張革命來鞏固共和體制。吉倫特派反對極端革命與恐怖統治，但最終在一七九三年被激進的雅各賓派擊敗，許多成員遭逮捕和處決，標誌著法國大革命進入了更加激進的恐怖統治時期。

盧梭

首先，讓我們來探討這位曾經讓百科全書派寄予厚望，卻又在許多思想家和文學家之間引發激烈對立與紛爭的思想家——盧梭。

盧梭經常被譽為西方近代民主主義之父，同時也是伊曼努爾·康德（Immanuel Kant, 1724-1804）道德哲學的重要先驅。然而，他的思想方向及其真實意圖極為複雜，難以簡單解釋。盧梭因其音樂方面的才華而受邀加入狄德羅等人編撰的《百科全書》計畫。然而，早在他思想的開端——《論科學與藝術》（一七五〇年）與《論人類不平等的起源》（一七五五年）中，盧梭便已強烈主張，知識和學問的發展不僅無法帶來人類幸福，反而讓人類走向脫離自然狀態的墮落之路。從這一點來看，他的思想自始便與主流的啟蒙思想背道而馳。

盧梭離開巴黎後，來到瓦茲河谷省的蒙莫朗西，創作出《新愛洛伊斯》（一七六一年）、《社會契約論》（一七六二年）、《愛彌兒：論教育》（一七六二年）等代表作，清楚表明他的反威權主義與情感主義，獲得眾多讀者的支持。這些著作在當時的知識階層中引起極大的迴響，但尤其像是《愛彌兒》一作，在當時的宗教和政治勢力的眼中，被視為可能動搖體制的危險作品。這部作品是一部教育理論著作，討論「童年應該接受何種教育，才能讓人類擺脫現代社會的墮落，實現新的再生」，盧梭獨特的人性理論也在其中得到了充分的闡述。

只要孩童在孤立的環境中成長，他們或許能保持自然人類的本能良善，但這種良善並不具備道德價值，只是動物生命中最初的能力。若要將孩童的良善轉化為道德品質，必須讓他們與他人互動，分享不同的行為，並體驗彼此的情感。根據「自然秩序」，在人類心靈中最早出現的對他人的情感是「憐憫」。人類天生具倍感受能力，然而，只有當人類能敏銳地感知他人，並產生善惡的觀念後，才得以成為社會的一員，成為「真正的人」。當我們從憐憫之情出發，形成是非觀念，並以此作為個人修養的目標時，人類才能真正轉化為具備美德的存在。

憐憫與良心

在《愛彌兒》第四卷中，有一段著名的「薩瓦副主教的信仰告白」，盧梭藉由虛構的主教之口，表達了他對道德觀與宗教觀的看法。其世界觀由三條信念構成：第一，外部世界存在一種統一的意志；第二，神的存在不可否認，而且祂以卓越的智慧規劃了外部世界的運行法則；第三，人類擁有獨立於肉體之外的自由意志。盧梭的結論是，這樣的世界觀引導著人類內在的情感與良知，而這種確立於良知的基礎，正是我們道德價值觀普遍性的保障。

人類天生具備一種稱為良知的原則，這是關於正義與美德的天賦法則。我們對這一原則的認識，並非依賴理性，而是透過感情。作為有感知的靈性存在，人類天生具有感受事物的能力，其中也包括自我保存的情感，這是所有心靈天生具備的本能。當這些情感只指向自身時，會表現為自愛、對幸福的追求、對痛苦的恐懼，以及對死亡的不安；但在與他人互動中，這些情感會發展成以憐憫為根源的良知，最終演變為關懷同胞的社交性。在這一成長過程中，理性提供各種知識，作為反思的材料，幫助澄清善惡的觀念。因此，理性並不一定與感情對立。然而，理性僅扮演輔助角色，並不具備像關愛他人這種與生俱來且普遍的特質與力量。

在《愛彌兒》中，盧梭認為，比起經過算計的理智與科學理性，那種對他人自然流露的憐憫之情，以及由此產生的內在良知之聲，才是人類精神普遍適用的道德原則基礎。基於此理念，《愛彌兒》提倡改革兒童從幼兒期到青少年期的教育方式。然而，盧梭最終在法國被譴責為從根本上否定傳統宗教與教育理念的顛覆性思想家，甚至遭到故鄉瑞士驅逐，飽受流亡之苦。

三、理性的黑暗

盧梭與休謨

盧梭與百科全書派人士交惡後，陷入孤立無援的境地，後來在休謨的建議下逃亡至英國。他們兩人都對笛卡兒所提出的自我概念與理性絕對價值持懷疑態度，並致力於將情感層面的價值置於理智之上。因此，從這個角度來看，盧梭應休謨之邀前往英國的舉動並不突兀。

但盧梭試圖控訴整個現代文明的偽善，並提倡「回歸自然」的激進思想，逐漸引起了休謨的懷疑。休謨期盼以「溫和的激情」來改變道德原則，認為盧梭的觀點過於極端。面對休謨這樣的態度，盧梭亦將休謨視為叛徒，對他的人格予以嚴厲懷疑和抨擊。對此，休謨也公開批判盧梭，並出版了一本為自己的立場辯護的書籍，最終導致兩人的關係無法再修復。

十八世紀啟蒙時代的兩位主要人類情感論思想家，因個人對立而上演了這場悲喜劇，這讓我們看到，即使是情感哲學的發展，也非一帆風順，充滿了重大理論上的混亂與人際關係破裂的危機。不過，在此我們不再探討兩人之間的裂痕，而是將焦點放在休謨主張人類情感和激情至上的意義。

十七世紀與十八世紀的哲學家對於理性與情感（或情緒、激情）之間的關係有不同的見解。笛卡兒和史賓諾莎（Baruch Spinoza, 1632-1677）站在古典理性主義的立場，認為激烈的情緒和偏狹的感情擾亂了人類精神的正常運作。因此，對人類而言，最重要的是透過喚醒理性的強大力量，來抑制情緒對精神的干擾，並盡可能縮小情緒的影響。哲學的一個主要作用便是清楚闡明這一觀點。笛卡兒的《論靈魂之激情》（*The Passions of the Soul*）與史賓諾莎的《倫理學》（*Ethica Ordine Geometrico Demonstrata*）正是為實現這一目標而寫作的經典著作。

對此，十八世紀的思想家認為，若僅依賴理性，可能會引發懷疑論，而懷疑論則可能帶來嚴重的焦慮與絕望。針對這一問題，他們主張恢復自然的社交，並遵循同情心等安定的情感，才是應對之道。這兩種立場的差異，可以理解為他們都以懷疑論作為討論的起點，但最終卻得出了截然不同的結論。

笛卡兒的懷疑

眾所周知，笛卡兒試圖構建一種數學化、機械論式的世界觀，來取代西方古代與中世紀的亞里斯多德式世界觀。他強調「徹底懷疑」的重要性，認為這能使過去的一切信念徹底被質疑和拋棄。為此，除了古希臘哲學中對外部世界的感官知識不確定性以及夢境與現實無法區分的懷疑假設之外，笛卡兒還提出了全新的懷疑假設，那就是在數學與邏輯學等被認為是永恆真理的領域，也可能受到「惡靈欺騙」（Deus deceptor）。當反思的主體產生這種過度懷疑時，會感受到極度的混亂與恐懼，正如他在《第二沉思》開頭所描述的情景：「如同在水中掙扎，無法浮出水面，雙腳也無法踩到底。」

然而，反思的主體「我」在經歷徹底的自我懷疑後，發現了一個「阿基米德式的支點」（Archimedean point）[2]：既然惡靈能夠欺騙我，那麼至少作為被欺騙的對象，我是確實存在的。由此，他找到了所有知識的終極基礎，正是「我思故我在」（cogito, ergo sum）。這種在水中掙扎的恐懼體驗，可以視為一種啟蒙儀式，引導我們直觀地認識到「我思」，這個應該作為一切知識第一原理的根本真理。

休謨的懷疑

休謨在笛卡兒就讀的拉弗萊什學院撰寫其代表作《人性論》（*A Treatise of Human Nature*）的時

刻，正好是笛卡兒撰寫《方法論》（*Discourse on the Method*）的整整一百年後。雖然休謨也熟悉古代懷疑論的論點，但與笛卡兒不同的是，他將懷疑的焦點放在因果判斷和歸納推理的根據上。此外，休謨更進一步主張，作為「思考本體」的「我」只能在互相矛盾的原理下被理解，這與笛卡兒的立場完全相反。休謨認為人格的特性可以理解為該主體所擁有的觀念的聚合體，然而，人卻無法識別將這些思想凝聚在一起並賦予統一性的元素。因此，人類無法確知自己是否真正擁有統一的人格。

這揭示了一個奇妙的翻轉，即使承認「我思」這一不可懷疑的事實，仍無法從中推導出「故我在」的自我存在結論；即使思維存在，也無法確定思維的主體是否存在。在《人性論》第一卷「論知性」的最後部分，休謨以對自我的懷疑作為結論，呈現出當精神被人類理性的矛盾所捲入時，必然經歷的「最深的黑暗」，這種黑暗或許比笛卡兒溺水時的懷疑主體更為痛苦：

2　譯註：「阿基米德支點」是一個哲學概念，源自古希臘數學家阿基米德的一句名言：「給我一個支點，我可以撬動地球。」在哲學中，這個支點被用來比喻一個可以提供絕對確定性和穩固基礎的立場或觀點。當一個思想體系處於懷疑或不確定的狀態時，這個「阿基米德支點」是能夠確保一切推理或知識穩定的基礎。

人類理性中的這些矛盾與缺陷深深吸引了我的注意，對我產生了強烈的影響，甚至讓我的大腦炙熱難耐。結果，我開始主動拒絕所有的信念與推論，無法將任何觀點視為比其他觀點更為確定或更有可能。我在哪裡？我是誰……這些疑問讓我陷入茫然，我彷彿被最深的黑暗包圍，所有的感官與能力都完全失去作用，彷彿處於我能想像的最悲慘的境地。（《人性論》第一卷「論知性」，木曾好能譯，法政大學出版社，二〇一一年，頁三〇四，部分改寫）

四、人類情感論的範圍

理性是激情的奴隸

從理性的勝利到理性最深的黑暗——這正是十七世紀笛卡兒與十八世紀休謨哲學之間的巨大鴻溝。

「理性是激情（passion）的奴隸，而且本應如此。」休謨在《人性論》第一卷以絕望告終後，在第二卷「論情感」的開頭，再次強調了這一觀點。

他認為，僅憑理性不足以讓人類在各種行為之間做出選擇和判斷，而且理性可能導致極度的孤獨、焦慮與絕望。唯有激情與情感能使理性恢復自然運作。他所說的激情不僅包括快樂和痛苦等直接激情，還涵蓋了與自我和他人相關的間接激情，如自負、自卑、愛與恨等。此外，撇除對自身的顧慮，從更一般的角度出發，他也認同「同情心」這種相對更客觀且穩定的情感確實存在。

他的道德論述以「激情論」為基礎，解釋了我們這些具有同情心的人，如何透過觀察人際關係來判斷道德善惡。我目睹A被B折磨，因同情A的悲傷而評價B為壞人；或看到A受到B的幫助，因同情A的喜悅而認定B是好人。這種基於人類情感互動的道德分析，不僅影響了亞當・斯密與傑瑞米・邊沁（Jeremy Bentham, 1748-1832），之後也歷經了多種理論的修正，其詳情可在本書第二章中得到進一步確認。

休謨等人認為，情感與激情是人類精神活動的核心，而知性與理性的作用僅為輔助。在以笛卡兒為近代哲學之父的西方近現代哲學流派中，雖然休謨等人的理論出現較晚，但這種觀點並非少數派的立場。

在十八世紀的歐洲，理性與情感之間保持著一種危險的平衡。然而，隨著康德提出名為「理性批判」的偉大藍圖，十九世紀的西方哲學逐漸發生了變化。理性轉化為包含情感層面的浪漫主義哲學，揭示了理性在創造現象界過程中的脆弱性，並進一步發展為阿圖爾・叔本華（Arthur Schopenhauer, 1788-1860）與腓特烈・尼采（Friedrich Nietzsche, 1844-1900）所強調的本能與情感優越性的哲學。尤其是美國新興的實用主義（Pragmatism），從一開始便對西方近代哲學偏重理性的傾向感到強烈不適。實用主義反對笛卡兒與休謨的懷疑論，並強調人類的認知行為與實踐活動之間的連續性。從另一個角度來看，這實際上是在人類理性與感性激情的關係中，主張感性與激情的優先地位。

美國的人類情感論

在實用主義思想家中，最強調這一點的是威廉・詹姆斯（William James, 1842-1910）。他指出，從知覺經驗到推理計算，所有的認識活動都伴隨著感受性。此外，他還揭示了哲學史上主要的理論對立，如實在論與唯名論、唯物論與唯心論的分歧，實際上並非純粹的知性問題，而更像是氣質上的衝突。對詹姆斯這種感受性哲學表示強烈共鳴的，是法國哲學家亨利・柏格森（Henri Bergson, 1859-1941）。他同樣主張，人類精神的深層運作是依據情感的質量與強度來感知的，這與表層的知性計算有著根本的不同。

此外，我們應注意到，詹姆斯等人基於情感對人類精神的理解，並非十九世紀後半至二十世紀前半突然出現的新思想。正如本書第六章「殖民地獨立思想」所述，當時美國雖被視為西方世界的「後進地區」，但在積極吸收歐洲先進啟蒙思想的同時，也已經明確主張了一種將道德基礎建立在情感而非理性上的人類觀。這一觀點的部分根源在於班傑明・富蘭克林（Benjamin Franklin, 1706-1790），他憑藉自學掌握電力技術，將啟蒙思想的影響力廣泛傳播至西方世界以外；而他的後輩湯瑪斯・傑佛遜（Thomas Jefferson, 1743-1826）則以基督教博愛精神為基礎，提出了他的道德哲學思想。

當西方世界正處於啟蒙主義的全盛時期，東方社會的思想卻陷入了停滯。然而，隨著東方經由美洲新大陸與西方文明接觸，這一新時期促使東方對以情感為核心的人性學說產生了強烈共鳴。這種現象可見於京都學派對詹姆斯和柏格森的深刻認同，而這並非偶然。原因在於，自古以來，將情感活動置於人類精神運作中心，一直是東方思想中的重要觀念。從古代中國以「惻隱之情」為核心的道德論，到日本追求「物哀」（mono no aware）的藝術性道德理論，這種訴求人性論的傳統始終延續至今。

東方的人類情感論

日文中的「情」（nasake）以及「感情」（kanjou，在明治以前讀作「kansei」）具有非常廣泛的涵義，既包含個人內心的各種心理狀態，也包括對他人的體貼與關愛。在中國與日本，人們透過對這些複雜含義的反思，來提升並重建道德的優劣，同時完善美學。這種對人類情感的理論，可以說是東方傳統哲學思想的核心。

本書第九章「中國的情感哲學」將概述從宋代朱熹到明代王守仁（陽明）的中國哲學中，關於性與情的理論發展，並特別聚焦於清代戴震如何完成從「理性哲學」到「情感哲學」的集大成轉變。據說，戴震透過推演古代孟子以「惻隱之心」為基礎的思想，解放了中國近代的情感哲學。

此外，第十章「江戶時代的『情感』思想」介紹了伊藤仁齋與荻生徂徠的「人情理解論」，該理論與朱子學不同，強調對他人情感的理解，並透過學習各種情感來培養正確的人際關係。他們還指出，本居宣長的「物哀」思想與人情理解論有相通之處，並且與「粋」（sui）和「通」（tsuu）等美學意識也有共通性。

透過這些章節，讀者將重新認識東方情感主義的實質內容。重要的，不僅是了解世界各地哲學傳統的多樣性，還要認識到世界各地的哲學思考中存在著重疊之處。我們可以在看似最遙遠的思想趨向中——如西方現代啟蒙運動和東方的傳統意識——找到憐憫、關懷、同情等思想，它們如同「家族關聯」，雖在表面上不易察覺，但內含豐富且相互連結的意涵。

最後，我想補充一句，我們所見到的哲學問題——知性與情感的對立——至今仍然是被人們持續討論的活躍哲學主題。

英文中的「智識主義」（intellectualism）一詞，在以傑佛遜和詹姆斯等實用主義傳統深厚的美國，大多帶有負面意涵，甚至有人認為反智主義才是人類應有的姿態。此外，即便在高度推崇布萊茲・帕斯卡（Blaise Pascal, 1623-1662）所謂「纖細的精神」（esprit de finesse）[3]的法語中，「笛卡兒主義者」這一稱呼也往往不被視為正面的稱謂。相較之下，日語中的「反智主義」一詞，基本上很少帶有正面意涵。

由此可見，我們至今仍在理性與情感這兩大人類精神支柱之間搖擺不定，而這種搖擺之中隱含著世界範圍內哲學與思想歷史的種種痕跡。因此，從世界哲學史的視角重新思考理性與情感這兩大人類精神重心之間的複雜關係，無疑具有深刻的意義。

延伸閱讀

山崎正一、串田孫一，《惡魔與背叛者：盧梭與休謨》（筑摩學藝文庫，二〇一四年）——雖然原著出版已久，但這本研究書生動地描寫了盧梭與休謨之間情感上的對立，現在讀來也非常有趣。藉此書可窺見十八世紀西洋哲學家的生活型態與交換意見的方式，這和現在的大學教授完全不同，也可作為哲學這個智識活動的反思泉源。

馬克・霍克海默、提奧多・阿多諾，德永恂譯，《啟蒙的辯證》（岩波文庫，二〇〇七年）——第二次世界大戰後，由法蘭克福學派的兩位思想家於美國撰寫，揭露「理性的野蠻」一的著作。二十世紀後半歐洲盛行著「西方中心主義批判」，而這本書被視為其先驅，從現代視

3 譯註：「纖細的精神」是法國科學家及神學家帕斯卡提出的概念，是一種能夠把握複雜情境與人性中細微差別的能力，透過情感和直覺來領會事物，而非僅依賴邏輯推理，與笛卡兒的理性分析思維形成對比。

角來看，這本書可能仍被認為保留了西方中心主義的色彩。

威廉・詹姆斯，桝田啟三郎譯，《實用主義》（岩波文庫，一九五七年）——這本經典的著作，揭示了哲學史上具有代表性的理論對立，如實在論與唯名論、二元論與一元論等，與其說是純粹的理性議論之對立，其實大多都是建立在許多感性因素之上。詹姆斯將哲學家的氣質分為「堅固的精神」與「柔軟的精神」並對比。

山內得立，《邏各斯與引理》（岩波書店，一九七四年）——當我們在論及東西方思維的差異時，往往試圖從「理與情」之對立形式來理解，但本書認為這兩者的對比應該在於「理性」本身邏輯形式的差異。據山內表示，西方的理性是邏各斯，東方的邏輯是引理。這樣的解釋自然會引起爭議，但毫無疑問地，若以全世界的觀點考量理性的多樣性時，首先應該參考這一項基本的研究。

專欄一
近代的懷疑論　久米曉

在大航海時代，西方世界開始注意到自身之外的其他文明的存在，宗教改革也使人們看到了基督新教不同於天主教的可能性。當西方文明的基礎受到質疑時，「懷疑論危機」隨之而來。米歇爾・德・蒙田（Michel de Montaigne, 1533-1592）以「我究竟知道什麼？」這一問句，展現了人類對確切事物一無所知的懷疑立場。然而，當我們斷言「一無所知」時，便會陷入「我們知道我們什麼都不知道」的悖論。另一方面，笛卡兒以方法論懷疑大膽質疑我們所相信的一切，但他從不懷疑「我思故我在」，並試圖以此為基礎構建一套可靠的學問體系，以克服懷疑論。此外，還出現了一個中間派，他們試圖在維持懷疑論的同時，擁護學術發展。

中間派的嘗試之一便是十八世紀英國哲學家休謨的討論，這裡我們將聚焦於歸納法的問題。歸納法是一種依據過去數據來預測未來的推論方法，其基礎是「自然一致性的原理」，即假設「過去與未來相似」。但這一原理是否正確呢？我們至少可以設想「過去與未來並不相似」，因此，這一原理的正確性需要經驗上的證據來證明。例如，證據顯示「這個原理在過去是正確的」。然而，基於「這個原理在過去正確」來推論「這個原理在未來也正確」是不合理的，因為這樣的推論預設了「過去與未來相似」，從而陷入循環論證。由於經驗證據只能來自過去的數據，對未來的推論必須依賴「自然一致性的原理」，而這一原理的經驗證明終究會陷入循環。因此，「自然一致性的原理」無法被證明，歸納法缺乏理性根據。這就是休謨的懷疑論。然而，休謨的目的並非批判歸納法，而是指出，歸納法並非僅憑理性推演，而是深植於人類本性中的習慣，並透過想像力發揮作用。根據休謨的觀點，當我們多次經歷相同的事情後，習慣會在心中形成，即便沒有確實的根據，我們也會自然而然地想像未來將會重複相同的情況。

休謨主張，道德判斷同樣缺乏理性的依據，但這並非對道德的批判，而是為了說明道德判斷實際上是一種情感的表現。近代懷疑論揭示了理性的局限，並突顯了習慣、想像力與情感等在人類本性中曾經被忽視的面向。

CHAPTER

two

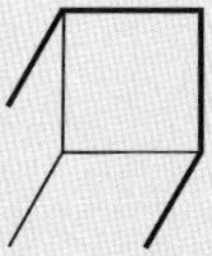

第二章
道德情感論

柘植尚則

道德感情論

一、道德情感論的形成

情感主義

十八世紀的歐洲被稱為「啟蒙時代」，由於提倡啟蒙運動的思想家們強調人類的「理性」，這一時期也被稱為「理性的時代」。因此，人們往往認為啟蒙時代只關乎理性，但事實並非如此。許多思想家同樣重視「情感」，甚至有些人認為情感比理性更為重要。這些思想家期望揭示人類兼具理性與情感的本質，即所謂的「人性」（human nature）。

在啟蒙運動的思想家中，以法蘭西斯・哈奇森、大衛・休謨、亞當・史密斯等強調情感的「蘇格蘭啟蒙」思想家最為著名。哈奇森被譽為蘇格蘭啟蒙運動之父，而休謨與史密斯則是這場運動的核心思想家。對情感的重視，正是蘇格蘭啟蒙運動的一大特點。

哈奇森、休謨、史密斯的立場被稱為「情感主義」（Sentimentalism）。在十八世紀的英國，關於「道德判斷的起源」，「理性主義」（Rationalism）與「情感主義」持相對立的觀點。針對人類如何理解善惡、是非、道德與否，理性主義者主張道德判斷是基於理性與知性，而情感主義者則認為道德判斷源於感受，甚至可以說，道德判斷本身就是一種情感，即「道德情感」（moral sentiment）。

所謂的「道德情感」，指的是「認同」與「否認」、「讚賞」與「譴責」等情感狀態。人們基於道德觀點，針對行為、動機或個性，表達認同或否認、讚賞或譴責。而探討道德情感的本質與起源的，正是情感主義者。道德情感論由哈奇森提出雛形，經休謨發展，最終由亞當・史密斯完善。哈奇森認為道德情感源於「道德感」（moral sense），休謨則繼承了哈奇森的思想，並以「同情」（sympathy）來解釋道德情感。而亞當・史密斯則採用不同於休謨的方式，從同情的角度解釋道德情感。他們的情感主義又被稱為「蘇格蘭學派」（*the moral sense school*）。

接下來，我們將簡略介紹哈奇森的道德感理論，隨後再更詳細地探討休謨與亞當・史密斯的道德情感論。

哈奇森的道德感理論

哈奇森在《論美與德行觀念的根源》（*An Inquiry into the Original of our Ideas of Beauty and Virtue*, 1725）中，討論了對「德行」（virtue）的認知。

首先，哈奇森區分了「德行」（即道德之善）與「利益」（即自然之善），並主張人們感知德行與利益的方式是不同的。人們對慷慨、高尚之人的情感，與對豐沃土地或方便居住環境的情感截然不同。有德之人引發人們的讚許與欽佩，而有益之物則只會讓人產生想要占有的念頭。然而，如果缺乏對道德的知覺，對有德之人與有益之物的評價就不會有所區別。因此，與感知利益不同，對德行的感知應當是一種獨立的知覺。

哈奇森主張，對德行的知覺是透過「感覺」來實現的。當我們目睹有德的行為時，會立即且不受個人意志影響，自動接受德行的觀念。由於這種對德行的知覺是直接且被動的，因此被認為是依賴感覺來運作的。哈奇森將這種感覺稱為「道德感」。

那麼，「道德感」究竟是一種什麼樣的感覺呢？根據哈奇森的說法，我們透過道德感官來感知德行與惡行（vice），並對德行表示贊同，對惡行表示否認。換言之，我們接受德行與惡行的觀念，因德行的觀念感到愉悅，因惡行的觀念感到不快。這種愉悅便是贊同的情感，而不快則是否認的情感。此外，我們會透過道德感愛慕德行、憎恨惡行。因此，道德感引導我們去贊同並愛慕德行，否認並憎恨惡行。哈奇森還認為，道德感使我們無需經過理性的反思，便能在面對利害關係之前，直接感知到德行與惡行。

哈奇森在《道德感的闡述》（*Illustrations on the Moral Sense*, 1728）中，進一步探討了道德感與理性之間的關係。感官常常會帶給我們錯誤的觀念，此時理性會根據我們既有的觀念來修正這些錯誤。然而，「觀念」本身是透過感官獲得的，而非源自理性。同樣地，道德感有時也會陷入混亂，我們可能否定自己通常贊同的行為。在這種情況下，理性會借助過去的經驗與常識，來修正錯誤的判斷，但道德觀念本身並非由理性賦予，而是來自道德感。

二、道德情感論的發展——休謨

理性與情感

接著，休謨在《人性論》（*A Treatise of Human Nature*, 1739-1740）中，談論德行與惡行的差異。首先，休謨探討了「理性」與「激情」（passion）的關係。

當我們意識到某個物體會帶給我們痛苦或快樂時，我們就會對它產生如厭惡或渴望等激情依戀。而意志會誕生於那種激情中，理性會藉由思考其前因後果以引導意志。意志由激情而生，光憑理性並不能使人類產生意志，因此理性也無法干涉我們的意志，能與激情對立或妨礙激情作用的，只有與之相反的激情。

而當我們在談論「理性與激情之爭」時，並非嚴格地以哲學角度談論。「理性只應是激情的奴隸，除了遵循、服從激情之外，絕不能被賦予其他任何角色。」如果說激情與理性相悖，那也只是激情假定了現實中不存在的事物，或是選擇了不適當的手段來達到目的而出現的情況。但在這種情況下，正確地來說，與理性相左的並非激情，而是伴隨激情而來的錯誤判斷。激情一旦意識到錯誤，它就會在毫不排斥的狀態下屈服於理性。

另外，雖說理性不會產生情緒，但有些激情裡也不見得帶有情緒。而這樣的激情，在穩定且不擾亂心智時，會被誤認是理性所做出的決定。這種激情與理性所給人的感覺並無明顯的不同，因此兩者一直被認為是相同的。此外，人們認為激情有溫和與強烈之分，但只有強烈的激情能夠引導意志，而溫和的激情則不具任何影響力。但其實兩者皆能影響意志，有時溫和激情的影響力甚至更勝強烈的激情。

休謨認為，意志生於激情，因此唯有理性是無法產生意志的。並且，理性是激情的奴隸，理性與激情毫無對立之可能。另外，他將「理性與激情之爭」描述為溫和激情與強烈激情之間的拉扯。就休謨的思想而言，人類的根本動力不是理性，而是激情，人們並非處在理性與激情之爭當中，而是存在於各種激情之爭中。

道德區分

休謨以這種以激情為基礎的人性觀為前提，探討了德行與惡行的區別，即「道德區分」的起源。

心中浮現的一切都被稱為「知覺」，德行與惡行的區分也是一種知覺。知覺可進一步分為「印象」與「觀念」。印象是腦海中最初浮現的鮮明且生動的知覺；觀念則是記憶或想像中的再現。在此，關於道德問題，我們可以再提出一個疑問：「我們究竟是經由觀念還是印象來區分道德與否，或者判斷某個行為應受到譴責，還是值得讚賞呢？」思考觀念的能力被稱為「理性」，而接收印象的能力則稱為「感受」。因此，真正的問題在於，道德區分究竟源自理性還是源自感受。

對於這個問題，人們通常認為道德區分源自理性。然而，道德對情感與行為皆有影響力。舉例來說，人們可能因為某種行為的不合理性而選擇不去做，或者因責任感的驅使而去執行某個行為。因此，道德不可能僅僅來自理性。正如前述有關理性與情感關係的論證，理性本身無法產生這種影響力。「道德會引發情感，進而支持或阻礙行為，而理性在這方面是無能為力的。」因此，道德區分並非源自理性。

因此，如果道德區分不依賴理性，那麼它必然由感覺決定。因此，「道德，確切地說，並非透過判斷得出，而是由感受而來。」這種感受雖然平和，容易與觀念混淆，但實際上是某種特定的快樂或痛苦，並透過感覺接收。「某些行為、情感、性格之所以被視為有德或無德，是因為我們在看到它們時，會產生特定的快樂或不快。……感受到美德，正是當我們觀察某種性格時，體會到特定的滿足感。這種感情正是我們稱讚與讚美的來源。」換句話說，當我們從某種性格中感受到特定的快樂，這正是我們認為它具備美德的原因。

同情

因此，休謨主張道德區分並非源自理性，而是依賴感覺（這也是他選擇使用「道德區分」而非「道德判斷」一詞的原因）。與哈奇森相似，休謨稱這種感覺為「道德感覺」。然而，休謨更進一步，用「同情」（sympathy）來解釋道德區分的來源。

根據休謨的說法，同情是透過「將觀念轉換為印象」來「傳達情感或情緒」的心理作用。他人的情感可以透過面部表情或談話中的外在表徵來知曉，這些外在表徵傳遞了情感的觀念。這些觀念隨即轉化為印象，變得生動，最終轉變為情感本身。關於同情，休謨進一步解釋道：例如，他人的劇烈咳嗽會讓我們感到不安；而當被告知口臭時，我們則會感到失望。我們的立場透過想像很容易改變。當我們以他人的感受來理解對方，或以他人的視角來看待自己時，這些情感不再屬於我們自身，而是來自同情，讓我們進入這種情感之中。

休謨主張，這種同情是「道德區分的主要根源」。例如，正義之所以受到稱讚，是因為它帶來了公共利益，但若無法透過同情引發我們對公共利益的關注，那麼這些利益對我們而言便毫無意義。我們之所以讚美正義，正是因為我們能夠同情那些因正義而受益的人。同樣地，當我看到一個人巧妙地完成工作時，我會感到敬佩。此時，技巧的嫻熟確實有助於那個人的幸福，儘管他的幸福與我無關，但我仍然敬佩他，因為我對他的幸福產生了同情。因此，同情在道德區分中扮演著不可或缺的角色。

休謨透過同情來解釋道德區分，這顯示出他的「道德感」與哈奇森有所不同。哈奇森認為人類具有感知美德與惡德的能力，並稱之為道德感。然而，休謨不認為這是一種特殊的能力，而是認為道德區分源於同情的作用。實際上，休謨的道德感指的是對美德或惡德的認可或否定等各種「道德情感」（moral sentiments）。

此外，休謨進一步考察了道德區分（道德情感）的客觀性問題。

休謨首先提出了一種反論：同情容易變化，因此道德情感也應隨之變動。我們往往對親近的人比對疏遠的人、對熟識的人比對陌生人、對同國人比對外國人更容易產生同情。然而，儘管同情存在差異，我們仍會以相同的方式認可相同的品格。如果他們都具有美德，他們將同樣獲得人們的尊重。因此，這種尊重並非單純源自同情。

一般觀點

針對這種反對意見，休謨的回應如下：我們的立場經常改變，與我們有距離的人也可能在短時間內成為親密的熟人。此外，每個人都有相對於他人的特定立場，若每個人都只從自身的角度觀察他人，我們甚至無法理智地與他人交往。因此，為了避免無休止的矛盾並得出穩定的判斷，我們需要建立一個「堅定且概括的觀點」，在反思時，無論自身當前的立場如何，都應將自己置於該觀點之中。

休謨承認同情易於變化，並主張透過採取一般性觀點，可以使道德區分更為穩定。從根本上來說，休謨的思想預設道德區分必須以一般觀點為基礎。「唯有當我們排除個人特定利益，從整體或普遍的角度考察時，某種性格才會引發情緒或感情，並被稱為道德上的善或惡。」

此外，休謨還認為，基於一般觀點所作的道德區分，具有更強的持久性與普遍性。由於個人的快樂與利益各不相同，若我們不採取「共通觀點」，便無法使情感與判斷達成一致。而在評判性格時，唯一看似相同的快樂和利益，是屬於擁有該性格之人或與其相關的人。這些利益和快樂，儘管不如我們自身的那般強烈，卻更為恆久且普遍。因此，唯有這些快樂與利益才能成為美德與道德的基準，並產生道德區分所依據的特定情感。

三、道德情感論的完成——史密斯

同情心

史密斯隨後在《道德情感論》（*The Theory of Moral Sentiments*, 1759; 1790，第六版）中，論述了道德情感的本質與起源。

首先，史密斯解釋了道德情感的起源，即「同情」。我們無法直接體會他人的感受，因此必須透過想像，將自己置身於他人的立場，來理解他人的感受，從而產生與之相似的情感。接著，我們將自己的情感與他人的情感加以比較，當兩者一致時，便認可他人的情感；若不一致，則否定他人的情感。同情是透過「想像中的立場交換」所產生的「共同情感」（fellow-feeling），這種情感與最初的感受相一致。正是這種同情引發了道德情感的誕生。

因此，史密斯與休謨一樣，透過同情來解釋道德情感。然而，史密斯的同情與休謨的同情有著顯著差異。正如史密斯所強調的，「同情更多是從引發情感的立場來看待，而非僅僅觀察這些情感本身。」換句話說，這是基於想像中的立場交換，而不僅僅是情感或情緒的傳遞。相比之下，史密斯的同情更具反思性作用（儘管休謨的論述中也包含了想像中的立場交換這一概念）。

此外，史密斯提出了「合宜感」（sense of propriety）和「功過感」（sense of merit and demerit）這些道德情感，並以同情加以解釋。合宜感源於觀察者對行為者情感的直接同情。當觀察者能同情行為者的動機時，便會認可其行為為正當；若觀察者無法同情其動機，則會認為行為不適當而予以否定。而功過感則來自觀察者對行為者情感的直接同情，並結合對相關人士情感的間接同情。當觀察者能同情行為者的動機，並對受益者的感激產生共鳴時，便會認可該行為值得褒獎；反之，當觀察者無法同情行為者的動機，並對受害者的憤慨感同身受時，則會認為該行為應受懲罰而予以否定。

史密斯批評了休謨對道德情感的解釋。根據休謨的觀點，我們之所以對技藝嫻熟的人表示敬意，是因為我們同情這種嫻熟所帶來的幸福。換句話說，休謨認為道德情感源自於對「效用」的同情。然而，史密斯則認為，有用的特質之所以被視為美德，並不是因為它們的效用，而是因為它們恰如其分。道德情感並非源自對效用的感知。

公正旁觀者

如前所述，史密斯認為同情是透過想像中的立場交換而產生的。那麼，觀察者究竟在何種程度上與行為者進行立場交換呢？對此，史密斯指出：「一個人的各種能力，是衡量他人相同能力的標準」，並主張觀察者在比較行為者的情感與自己的同情感時，只會交換情境，而不會交換能力。然而，他又說道：「我不僅會與你交換情境，還會交換身體和性格」，主張觀察者將與行為者交換所有事物，包括身體與性格。因此，史密斯的解釋顯然存在矛盾。

再者，史密斯認為道德情感源自同情，而同情容易變化，因此道德情感也應隨之變動。針對這一問題，休謨主張透過採取一般觀點來使道德情感更加穩定。類似地，史密斯則主張，透過化身為「公正的旁觀者」（impartial spectator），道德情感將變得更加適切。

那麼，什麼是「公正的旁觀者」呢？史密斯論述道，當我們的利益與他人的利益發生衝突時，為了能夠適當地比較雙方的利害關係，我們必須改變自身的立場。「我們既不能從自身的角度出發，也不能站在他人的立場上，而應該站在第三者的角度，從第三者的視角來審視這些利害得失。而這個第三者，便是與雙方沒有特殊關係，能夠在我們之間做出公正判斷的人。」換句話說，公正的旁觀者就是「第三者」，也就是「不涉及利害的觀察者」。史密斯認為，這樣的公正旁觀者所持的道德情感應成為判斷的標準。

此外，史密斯認為，來自公正旁觀者的同情能夠規範人類的行為。每個人都會優先考慮自己，但同時也意識到，自己在他人眼中僅是芸芸眾生中的一員。因此，人們會試圖以他人能認同的方式行事。然而，「如果他希望公正旁觀者能夠理解他的行為原則（動機）——這也是他最為渴望的——那麼，他必須像在其他情況下一樣，抑制過度的「自愛」（self-love），並將其調整至他人可以接受的程度。」因此，為了獲得公正旁觀者的同情，人們會壓抑過度的「自愛」，並以此方式行動。

良知

此外，史密斯也解釋了自我道德判斷（道德情感）的方式。根據情感主義的觀點，道德判斷是「觀察者」，即「他者」的感受。那麼，人如何對「自己」進行道德判斷？史密斯認為，人們認可或否定自己的方式與對待他人時並無不同。「我們將自己置於他人的立場，彷彿透過他人的眼睛，從他人的角度來審視自己的行為，完全融入影響這些行為的情感和動機之中，並根據我們能否產生同情來認可或否定自己的行為。」因此，人們透過他人的視角來審視自己，從而對自己做出判斷。

此外，人們會在心中設想一位公正的旁觀者，並從這位旁觀者的角度審視自己，進而對自己做出判斷。這個「假定的公正旁觀者」正是「良心」。唯有透過向良心尋求指引，人們才能正確看待與自身相關的事，並適當地衡量自己與他人的利害關係。良心不僅負責對自我進行判斷，還能約束自我。能夠對抗「自愛」的，不是人類的仁愛，而是良心。

有時，人們會因「自愛」而做出違背良心的判斷，但即便在這種情況下，仍然可以依循「一般規則」加以判斷。一般規則是基於對個別行為的道德判斷所建立的，人們以此規則作為評判自我的依據，從而修正因「自愛」產生的偏差。這種對一般規則的尊重被稱為「責任感」。責任感是人類最重要的感知之一，也是許多人引導自身行為的唯一準則。

因此，史密斯主張，人們可以透過設身處地為他人著想，或在心中假定一位公正的旁觀者，亦或遵循一般規則來判斷自己。史密斯的良知與哈奇森所提出的道德感不同，並非一種具體的能力，而是與休謨觀點一致，屬於同情的作用。史密斯更進一步發展了哈奇森與休謨的道德情感論，詳細闡釋了自我道德判斷，並探討了良知的形成、運作、局限及其克服。因此，可以說，道德情感論在史密斯的理論中得到了最終的完善。

道德情感的腐敗

然而，史密斯的道德情感論並非對人類的道德情感進行毫無批判的讚美或無條件的正當化，他同樣探討了道德情感本身可能出現的「腐敗」現象。

根據史密斯的觀點，一般認為人們對他人的喜悅更容易產生共鳴，但實際情況卻正好相反。我們不太會因為他人的喜悅而感到振奮，反而是他人的悲傷會大幅降低我們的情緒。事實上，「共感他人的喜悅是令人愉快的……然而，沉浸在他人的悲傷中則是痛苦的，我們常常不情願地陷入其中。」因此，我們對他人的悲傷感同身受，其實比對他人的喜悅更具挑戰性。

根據史密斯的觀點，雖然一般認為人們對他人的喜悅更容易產生同情，但實際情況卻正好相反。我們不太會因為他人的喜悅而感到振奮，反而是他人的悲傷會大幅降低我們的情緒。事實上，「同情他人的喜悅是令人愉快的……然而，沉浸在他人的悲傷中則是痛苦的，我們常常不情願地陷入其中。」因此，我們對他人的悲傷同情，其實比對他人的喜悅更具挑戰性。

在此基礎上，史密斯主張：「對富裕者和有權勢者的敬仰幾乎達到崇拜的程度，而對貧窮和地位較低者的輕蔑或忽視，則是我們道德情感腐敗的重要且最普遍的原因。」在史密斯看來，「尊敬」本應指向美德，但由於人們對富裕者和高地位者的敬仰，這種尊敬也轉向了財富和地位。儘管對財富和地位的尊敬與對美德的尊敬存在差異，卻常常被混淆。此外，對富裕者和高地位者的惡行或愚行所產生的輕蔑和厭惡，亦會因對財富和地位的尊敬而減弱或消失。這樣一來，道德情感便無法以原本的方式展現，甚至完全無法顯現。

這樣一來，史密斯透過人性的傾向解釋了道德情感的腐敗，並指出道德情感本身也存在著限制。

四、道德情感論的可能性

對道德情感論的批判

以上就是哈奇森、休謨和史密斯的道德情感論。然而，同時代的理性主義者對這一道德情感論提出了各種批評。

舉例來說，約翰・巴爾吉（John Balguy, 1686-1748）對哈奇森的道德情感論提出了以下幾點批評。首先，道德感是反復無常的。其次，若僅將道德感視為道德，那麼理性便毫無用處。第三，如果認定道德感能夠接受我們從行為中獲得的快樂和痛苦，那麼即使是野獸也能贊同德行。第四，雖然道德感越強，對德行的認可也越強烈，但如果德行的判斷會隨著道德感的變化而改變，則會降低德行的價值。最後，道德感的觀念使理性無法判斷德行，從而貶低了理性的層次。

另外，理查德・普萊斯（Richard Price, 1723-1791）也批評了哈奇森的道德感理論。哈奇森認為，道德觀念源自於能感受行為所帶來的愉悅的道德感。若是如此，德行就變成了一種偏好的問題，而正確與善良則歸結於愉快的感受。普萊斯認為，對於行為的「美醜」知覺，即隨著行為而感受的快樂與痛苦的感知是存在的。然而，美醜的知覺是附屬於「道德與否」和「正確與否」的知覺，它們並不相同。普萊斯主張，這些知覺本質上是根據理性所產生的。

而湯瑪斯・里德（Thomas Reid, 1710-1796）批評了休謨和史密斯的道德情感論。他認為，感受是判斷某事物的能力，而道德感則是「判斷道德的能力」。然而，休謨卻將道德感視為「不需判斷的感受力」，這樣的用詞不當。此外，休謨和史密斯將道德認可置於「感覺」之中，並使用「情感」一詞來描述不具判斷能力的感受，這同樣是不當的。道德決策可以被稱為「道德情感」，因為在這裡「情感」一詞並非指「單純的感覺」，而是表示「伴隨感覺的判斷」。

在理性主義者的批判中，里德的批評被認為是最為關鍵的，這導致了道德情感論的衰退。此外，由於里德對「道德的第一原理」提出的質疑，以及邊沁對「效益原則」（principle of utility）的提倡，十九世紀的英國思想家們將注意力從「道德判斷的起源」轉向了「道德原理」（moral principle），為道德情感論劃下了句點。

道德情感論的當代意義

然而，哈奇森、休謨、史密斯的道德情感論絕非過去式。

舉例來說，在現代倫理學中，有一個研究道德判斷特性的領域，名為「後設倫理學」。後設倫理學擁有多種立場，其中一些認為道德判斷是情感的外顯，而道德情感論則被視為這一立場的經典論證。此外，道德判斷與行動之間的連結也是後設倫理學的主題之一，道德情感論被認為是道德判斷促使道德行為的典型主張。特別是休謨所言「道德會引發情緒，促使或妨礙行動」的觀點，恰如其分地揭示了道德判斷與情感之間的密切關係以及道德判斷的特性，因此在當代受到廣泛推崇。

在當代倫理學中，還有一種將美德作為道德原則的觀點，稱為「德行倫理學」。相對於將幸福視為道德基礎的「效益主義」，以及以義務為道德原則的「義務論」，德行倫理學作為第三種立場受到推崇。由於道德情感論以德行作為觀察的對象，它與亞里斯多德的倫理學並駕齊驅，被視為德行倫理學的核心。

哈奇森、休謨和史密斯的道德情感論同時具備歷史和當代的意義，因此在當代倫理學中受到高度重視。

此外，道德情感論還具有更重要的現代意義。在近代西方哲學中，「理性主義」曾是主流，但理性主義在提升人類尊嚴的同時，也限制了人類的視野。隨著時代的演變，出現了一些與理性主義截然不同的思想流派。因此，針對理性主義的反思開始興起，並持續至今。在這樣的背景下，曾被視為近代西方哲學旁枝的「情感主義」理論，與理性主義相對立，展現出新的可能性。

哈奇森、休謨和史密斯的道德情感論在議題的廣度和深度上，無論與其他時代或地區相比，均顯得獨樹一幟。這一觀點與理性主義相似，皆屬於極端的主張。然而，正因如此，這些理論為當代人類及道德反思提供了新的思考角度。

延伸閱讀

文森・霍普（Vincent M. Hope），奧谷浩一、內田司譯，《哈奇森、休謨、史密斯的道德哲學：一致的美德》（創風社，一九九九年）——比較了哈奇森、休謨、史密斯的道德哲學，並明確地指出道德情感論的發展脈絡，並且以休謨與史密斯的論點為基礎，探討了正義、權利、義務、德行和道德知識。

柘植尚則，《英國的倫理學者》（研究社，二〇〇九年）——舉出十二位現代英國的主要倫理學者，並介紹其基本思想。在第二部分「情感與理性」中，分別各用一個章節，概述了哈奇森、休謨、史密斯的思想。

泉谷周三郎，《休謨》（研究社出版，一九九六年）——梳理了休謨的生平，並介紹其整體思想。在第二章中，簡明扼要地闡述了《人性論》第一卷「論知性」、第二卷「論情感」、第三卷「論道德」的主要論點。

高哲男，《亞當・史密斯：競爭與同情，到自由的社會》（講談社選書métier，二〇一七年）——將史密斯的《國富論》與《道德情感論》視為一個連貫的體系，並以簡單易懂的方式解說其中的要點。第二部分則依照史密斯的論證發展，介紹了《道德情感論》第一到第五部分的主要內容。

神野慧一郎，《我們之所以道德：休謨的洞察》（勁草書房，二〇〇二年）——本書以大腦生理學與心理學的研究成果為基礎，從休謨的觀點探討了道德情感論的問題（第五、六章）。此外，也討論了道德情感論在各種道德理論中的定位（第八章）。

專欄二　關於時空的爭論　松田毅

「什麼是時間」、「時間如何存在」是時間哲學的基本問題。艾薩克・牛頓（Isaac Newton, 1643-1727）在《自然哲學的數學原理》（*Philosophiæ Naturalis Principia Mathematica*, 1687）中推動了物理學革命的高潮，並將這兩個問題引入了相對論、量子力學及其相關的哲學思考中。

事實上，在阿爾伯特・愛因斯坦（Albert Einstein, 1879-1955）提出狹義相對論之前，古典力學中的時間被視為一個獨立於空間的變量。牛頓將其稱為「絕對時間」，並與感知區分開來，認為時間是一種「獨立於任何外部事物而自行流動」的同質物質。這樣的定義旨在確保對物體運動的測量能夠統一。牛頓認為，即使準確測量均速運動的時間可能不存在，但在任何運動中都可能出現加速或減速，唯有絕對時間不會受到外界影響，永遠保持不變。然而，因為牛頓將其稱為「神的感官」（sensorium），這一詞語給人以「容器」的印象，從而引發了爭議。此後，時間哲學進入了全新的階段。

爭論的焦點在於，是否可以在不設定這種時間的前提下，仍然成立物理學；如果答案是肯定的，那麼我們應該如何理解物理學中的時間。萊布尼茲透過薩謬爾・克拉克（Samuel Clarke,

1675-1729）向牛頓提出了這個問題，而康德則在《純粹理性批判》中，將這場爭論深化為超驗哲學的問題。

萊布尼茲所構建的「空間」具備與絕對空間相同的功能，並被視為充滿無數場所的總體。萊布尼茲一般認為空間和時間是平行的，因此這一觀點同樣適用於時間。無論具體的運動為何，只要它被映射到一個構建的空間中，並且運動之間的關係能夠明確地描述，那麼就不需要將絕對空間視為一種「物體」，絕對時間也同樣如此。換句話說，可能的「共時性的秩序」和「繼起的秩序」可以充分替代絕對空間和絕對時間。相反地，如果這種有限的空間和時間僅僅是運動和變化的承載者差異的「抽象」結果，那麼從「不可辨識者同一原理」的角度來看，它們仍然只是一種質的無差別的「觀念性」存在。

總而言之，康德從先驗哲學的角度將時間解釋為一種觀念性的存在，並將其「內化」為一種先驗主義。這可以被視為認知者——人類主觀的「感性直觀」的可能性條件，同時也是經驗知識的框架。

近年的萊布尼茲研究也開始關注時間與空間的非對稱性，探討時間的指向性，並從「部分與整體」的角度分析「瞬間」與時間的「連續體合成的迷宮」。此外，研究還涉及與「輪迴」相關的「永恆回歸」中的循環時間問題。這些議題都值得我們持續關注。

CHAPTER

three

第三章

名為社會契約的理論

西村正秀

社会契約というロジック

一、十七到十八世紀歐洲的社會契約論

主權國家的進展與社會契約論

若從人類文明史的角度來看，十七世紀至十八世紀的歐洲，其最顯著的特徵便是「現代主權國家的進展」這一政治社會現象。所謂主權國家，是指由一個統一管理機構負責治理其領土，而且不受其他單位干涉的國家制度。這種國家體制起源於十六世紀的歐洲，並已廣泛傳播至世界各地。十六世紀是封建國家向主權國家轉型的時期，而到了十七世紀，主權國家之間的衝突愈發激烈，並與十六世紀各地的宗教戰爭交織在一起，使得情況愈加複雜。雖然最初許多主權國家採取君主專制，但隨著十七世紀英國和十八世紀法國的革命，國家的體制相繼由君主專制轉變為君主立憲制和共和制，這一趨勢也影響到了歐洲以外的地區，導致原本屬於英國殖民地的美國在十八世紀爆發了獨立戰爭。

本章所提及的社會契約論，正是在歐洲的此動盪時期所發展出的理論。社會契約論針對政治正統性和政治權威的基礎提出了一系列問題。簡單來說，就是為什麼我們必須遵守國家的法律與規定？其答案是「因為每個人同意放棄自己的權利，並設立這樣的統治機構」，即以契約的形式來解釋。社會契約論的提倡者包括了霍布斯（Thomas Hobbes）、史賓諾莎、洛克、盧梭、康德等人。

社會契約論的思想早在古希臘時期就已存在。到了二十世紀後期，隨著約翰．羅爾斯（John Rawls, 1921-2002）提出的「正義論」，這一思想重新受到關注，並引發了激烈的辯論。此外，洛克在社會契約論中提出的抵抗權影響了美國獨立戰爭，而盧梭的人民主權思想則對日本明治時代的自由民權運動產生了深遠影響。從這些現象來看，社會契約論在不同時期與地區被廣泛採納。然而，社會契約論能在十七至十八世紀的歐洲蓬勃發展，背後有其特定的原因。例如，十六世紀新教的興起導致了傳統天主教階級制度的崩潰。在這樣的背景下，作為一種新的政治正當性理論，社會契約論因不依賴宗教權威而受到人們的需求。

本書的主題是針對十八世紀啟蒙主義中的理性偏重主義（即過度信任理性而輕視人性與情感）來進行反思，而社會契約論在這一主題上有幾個關聯點。基本上，社會契約論賦予人類理性主導的角色。然而，這一理論中是否僅有理性在發揮作用呢？並不一定。特別是在某些社會契約論中，基督教以多種形式發揮了其作用。那麼，它究竟扮演了什麼樣的角色？這個角色又與理性有何關係？這些問題的答案，將為我們探索理性偏重主義在歐洲政治哲學中的反思（或未曾反思）提供重要線索。

本章將依照以下順序探討「社會契約的邏輯」的內涵。首先，我們將概述霍布斯和史賓諾莎的理論。霍布斯和史賓諾莎（以及接下來的洛克）是十七世紀的哲學家，他們為即將來臨的啟蒙運動鋪平了道路。在霍布斯和史賓諾莎的理論中，對理性的反思幾乎不存在，但我們可以從他們的理論中看到，基於情感的行為是如何被理性所抑制的。接著，我們將考慮基督教的關係，解釋洛克和盧梭的理論。十七世紀的洛克和十八世紀的盧梭在各自的社會契約論中賦予基督教完全不同的角色，這一差異可以被解釋為對十八世紀啟蒙運動中理性偏重主義的反思。

社會契約論的基本結構與基本要素

在具體探討各哲學家的社會契約論之前，做為暖身，我們先回顧一下社會契約論的基本結構與基本要素。首先，社會契約論的基本結構相當簡單。其核心思想是「統治機關的建立及其正統性和權威的正當化，皆基於各成員的合意」。為了使這一觀點更具說服力，常用的思考實驗是「如果人類生活在一個沒有統治機關的世界裡會怎樣」。在這樣的世界中，人類的利己性將毫無保留地顯現，預測會引發各種衝突。然而，因為這樣的世界中缺乏警察和法院，衝突無法得到妥善解決。因此，人們即便感到些許不自由，仍會同意設立一個能在法律約束下保護自己的統治機關，這就是社會契約論的基本結構。

這個思考實驗在十七至十八世紀的社會契約論中，通常以「自然狀態」、「自然法」和「自然權利」這些概念展開。接下來，我將簡要說明這些概念。首先，「自然狀態」指的是統治機關存在之前的世界。自然狀態是進行社會契約論思考實驗時不可或缺的背景設定。關於自然狀態是否存在某種規則、生活在自然狀態中的人類本性如何，以及自然狀態在現實中是否可能存在等問題，各位哲學家的見解各有不同。

接下來談到「自然法」，這是指在自然狀態下人類所擁有的道德規則。自然法自古希臘以來便已被提出，其特點包括：①適用於所有人；②僅憑理性即可識別。不同的哲學家為自然法賦予了多種角色，包括引導人們遵守社會契約的規則以及作為實在法的基礎等。最後是「自然權利」，顧名思義，它指的是每個人在自然狀態下所擁有的權利。雖然各位哲學家對於這些權利的看法有所不同，但放棄自然權利以設立統治機關則是社會契約的標準形式。

二、霍布斯與史賓諾莎

霍布斯的社會契約論

現在我們來看看每位哲學家的社會契約論。本節將簡單介紹霍布斯與史賓諾莎的社會契約論。

首先是十七世紀的英格蘭哲學家霍布斯，他在其主要著作《利維坦》（*Leviathan*, 1651）中提出了社會契約論。自一六四二年起，英格蘭爆發了長達九年的內戰，直到一六五一年才結束。霍布斯在經歷這場內戰後，為了確保社會的穩定，擁護絕對君主制，而他所依據的正是社會契約論。

霍布斯的理論特點在於將人類描繪得極度利己。人類的行為由欲望和厭惡這兩種情感驅動。正如他在《利維坦》（第一卷，第十四章，頁一二〇）中所言：「所有人的意志行為的目的，都是為了自身的某種利益。」這顯示人類被特徵化為追求自我保護和滿足欲望的利己存在。霍布斯推測，生活在這種狀態下的人類，自然狀態無異於一種戰爭狀態。人類擁有使用自身力量以達成自我保護和滿足欲望的自由，這是作為自然權利所賦予的。在自然狀態中，每個人都能行使自然權利，無限制地滿足自己的需求。這將導致物品爭奪的競爭、互不信任，以及試圖向他人展示自身優越的行為，從而形成「所有人對抗所有人」的戰爭狀態。

那麼，如何才能避免這種戰爭狀態呢？在這裡，理性扮演著重要的角色。人類可以透過理性認識到避免戰爭狀態的道德規則，即自然法。霍布斯所提到的自然法包含這樣的內容：「只要每個人仍然希望獲得和平，就應該朝這個目標努力；如果無法達成這一結果，則可以尋求並利用戰爭的所有幫助和利益。」（《利維坦》第一卷，第十四章，頁一一七）以這條第一自然法為核心，霍布斯提出了多達十九條的自然法，包括限制彼此自由的自然法和遵守約定的自然法。透過對這些自然法的理解，人類將放棄自然權利，進而履行社會契約並設立統治機關。

然而，為什麼以社會契約設立的統治機關會轉變為絕對君主制呢？霍布斯認為，由於人類本性利己，為了不被他人超越，所有人必須以相同的方式放棄自然權利。被放棄的自然權利可以轉讓給與契約無關的第三方（即主權者），因此這個第三方便成為一個不受法律約束的存在。此外，霍布斯指出，若立法權、行政權和司法權等所有權力被分割，各部門之間將會出現紛爭，因此這些權力應該授予同一位主權者，而不應被分割。再者，因為實現自我保護是社會契約的目的，只要主權者在實現這一目標，公民就不得反抗主權者。基於這些理由，霍布斯為絕對君主制提供了正當性。

史賓諾莎的社會契約論

接下來，讓我們轉向史賓諾莎的社會契約論。史賓諾莎是十七世紀尼德蘭共和國的哲學家，屬於所謂的大陸理性主義傳統。他將笛卡爾的哲學、猶太思想和霍布斯的理論融合在一起，發展出自己獨特的思想體系。史賓諾莎的社會契約論主要在《神學政治論》（*Tractatus Theologico-politicus*, 1670）第十六章中提出，而該章中使用的各種概念也可以在他的其他著作中找到，如《倫理學》。儘管史賓諾莎受到霍布斯的影響，但他所擁護的政治體制並不是絕對君主制，而是一種民主制度。這一差異源於史賓諾莎對自由的理解。他的社會契約論旨在回答「國家在多大程度上允許個人自由」這一問題。因此，我們首先要探討史賓諾莎的自由概念。

相對於霍布斯認同人類在自然狀態下的自由，史賓諾莎則認為在自然狀態下，人類並沒有真正的自由。關於人類在自然狀態下的行為原則，史賓諾莎提出了與霍布斯相同的假設，即自我保護。在自然狀態下，人類被賦予隨心所欲的自然權利，但這種欲望並非源自理性，而是受到外部刺激引發的情感所驅使。然而，基於情感所引發的行為並不被視為自由，這是基於史賓諾莎的自由概念。一般來說，自由可分為「不受外部約束」的消極特徵和「僅遵循自我決定」的積極特徵，而史賓諾莎所採用的正是後者。他所謂的自由是「僅依其本性之必然性而存在，並且僅依其本性付諸行動」（《倫理學》第一部定義七，頁七八）。若我們採用這種由自我決定而形成的自由概念，那麼基於外部刺激而導致的情緒行為就不是自由的。人類的本性是理性，「只有一心一意、完全在理性引導下生活的人才是自由的。」（《神學政治論（下）》第十六章第十節，頁一六五）

上述的自由概念定義了史賓諾莎社會契約的主旨。在自然狀態下，所有人都按照自我保護之欲望行事，人與人之間將處於戰爭狀態，並受到焦慮及恐懼的困擾。雖然理性能告訴我們什麼是我們真正需要和有益的，但在戰爭狀態中，理性的培養變得困難。因此，人們需要簽訂社會契約，將所有的力量和權利轉讓給一個能夠保護他們的國家（即統治機關）。史賓諾莎將這一過程中建立的國家稱為「民主制」。史賓諾莎的民主制是「擁有所有可行使之至高權利的人類集合體」（《神學政治論（下）》第十六章第八節，頁一六二）。這實質上是將由所有公民組成的共同體視為主權者。這個共同體要求公民遵守法律，但自身卻不受法律的約束。這一點與霍布斯的主權者相似，但不同之處在於，主權的角色並非由第三方擔任，而是由全體公民組成的共同體承擔。民主國家的目的是培養理性，實現公民自由。雖然國家透過法律約束市民，但這些法律應有助於自我保護，稱為「理性法律」。此外，這些法律的制定者正是共同體的成員，即公民本身，因此自決的自由在此得以確立。在史賓諾莎的思想中，社會契約使人類能夠享有自由。

以上，我們回顧了霍布斯和史賓諾莎的社會契約論，可以看出他們對情感的輕視以及對理性的重視。兩者都否定了基於情感的行為，認為這會導致戰爭狀態，並對理性持肯定態度，認為理性能促進穩定的政治社會。進入十八世紀後，這種以理性為導向的政治哲學思想發生了轉變，下一節將透過洛克與盧梭的對比來說明其改變。

三、洛克與盧梭

盧梭的自然狀態

洛克與盧梭分別活躍於十七世紀和十八世紀，兩人都是虔誠的基督教徒，並對理性抱持一定程度的信任。本節將首先綜觀兩者的社會契約論，接著介紹他們對基督教的態度，以及這種態度與對理性選擇主義批判之間的關係。

讓我們從洛克開始。洛克是十七世紀英格蘭的哲學家，以提倡英國經驗主義而聞名，他認為人類的知識與信念皆源自於經驗。在政治哲學方面，洛克的社會契約論等思想也備受推崇。

他在《政府論》（*Two Treatises of Government*, 1689）中開始發展自己的社會契約論。這本書由兩部分組成，第一部分批判了羅伯特・費默（Robert Filmer, 1588-1653）在《君權論》（*Patriarcha*, 1680）中所提出的君權神授說，而第二部分則闡述了他的社會契約論。接下來，我們將聚焦於《政府論》的第二部分，探討洛克的社會契約論思想。

洛克的社會契約論同樣從人類在自然狀態下生活的思想實驗開始。他認為自然狀態是指以下的情形：

所謂的完全自由狀態，是指每個人都能在自然法的範圍內，按照自己的意願行事、處理自己的財產和身體，而不需要尋求他人的許可或依賴他人的意志。（《政府論》第二卷第二章第四節，頁二九六）

在此說明中，首先強調的是「自然法」。在洛克所描述的自然狀態中，人類雖然是自由的，但這種自由是建立在自然法這一規則之上的。那麼，自然法具體是什麼樣的規範呢？洛克的解釋如下：

每個人都應該保護自己，不應主動放棄此立場，但出於同樣的原因，只要自己的安全不受威脅，就應該盡可能保護他人。此外，不應剝奪或損害他人的生命或任何對生命有用的東西，如自由、健康、肢體或財物，除非是為了對侵權著予以正當的報復。（《政府論》第二卷第二章第六節，頁二九九）

洛克所提到的自然法包含兩個命令：一是「保全自己和自己的財產（property）」，二是「在不犧牲自己及自己財產的情況下，也要保全他人及其財產」。這一自然法的基礎是神學上的前提，即神平等地創造了所有人類。人類是神的創造物，而神創造人類的目的是希望他們能夠生存與繁榮，因此人類不僅要保護自己，還必須盡可能地保護他人。與霍布斯不同，洛克在神學的前提下，同時強調了人類本性中的利己與利他兩方面。

自然權利與所有權

下一個重點是洛克思想中的自然權利。正如先前引用的《政府論》第二卷第二章第四節所述，洛克認為，人的生命、自由、健康、身體、財物（統稱為「財產」）等權利，是平等地分配給所有人的自然權利。除此之外，洛克也將執行自然法的權利，以及懲罰違背自然法的權利視為一種自然權利。洛克理論的特別之處在於，他將所有權視為自然權利。基於「每個人應該保護自己」的自然法，洛克將所有權視為有利於保護自己的手段，並將此納入自然權利。

但是，所有權是以何種方式確立的呢？洛克在《政府論》第二部第五章中闡述了這一點。他認為，自然界的萬物都是神賦予人類的共同財產。這種共同財產的私人所有權是透過以下步驟成立的。首先，每個人擁有自己身體的所有權。此外，人對於使用自己的身體所進行的勞動也擁有所有權。因此，當一個人將自己的勞動投入到一個自然存在的物體上時，就意味著他擁有該物體的所有權。舉例來說，如果某人從野外的樹上摘下了一顆蘋果，那麼這個人便擁有了蘋果的所有權，因為他付出了自己的勞動。

所有權是透過勞動而成立的，但需要注意的是，並非只要付出勞動，就能獲得任何東西的所有權。洛克對「所有權」的成立條件增添了兩個限制。第一，所謂的「所有」必須符合享受的限度。舉例來說，不可摘採超過可食用的蘋果數量。第二，必須為其他人留下足夠的資源。例如，如果某人圈占了一塊土地，只有在他留給其他人足夠的土地的情況下，這塊土地才能成為他的財產。這兩個限制符合「盡可能保有其他人的財產」的自然法原則。

社會契約與對主權者的限制

綜上所述，洛克的自然狀態與霍布斯和史賓諾莎的自然狀態有所不同，因為洛克的自然狀態在某種程度上實現了社會生活的意義。那麼，為什麼人類會脫離自然狀態，達成社會契約呢？洛克並沒有明言自然狀態必然導致戰爭狀態，但即便如此，仍然無法排除有人試圖以暴力奪取他人財產的可能性。如果這些人真的出現，由於在自然狀態下缺乏解決紛爭的法律和法官，他們將無法保護自己或自己的財產。為了避免這種風險，最佳的方式是轉讓每個人的部分自然權利，並設立一個管理單位來保護人們的所有權。

那麼，統治機關將採用何種政治體制？主權者與市民之間又是什麼樣的關係呢？首先，關於統治機關的政治體制，洛克提到的包括民主制、寡頭制、君主制以及這些體制的混合型態。人們透過社會契約結成政治共同體，但該共同體將採用何種政治體制則由多數決原則來決定。因此，這裡提到的政治體制並不會在事前確定。接下來，關於主權者與市民之間的關係，選擇主權者的過程同樣是由市民的多數決來確立，這意味著市民在權力上高於主權者——這也否定了絕對君主制。這表明市民是政治的責任主體，並體現了人民主權的理念。

然而，即使公民的力量高於主權者，也不能保證主權者不會恣意妄為。為了防止這種情況的發生，洛克對主權者設置了一些限制。其中之一是權力分立。主權者擁有的權力包括立法權和行政權，但洛克認為，這些權力最好不要集中在同一個人或同一個部門手中。原因在於，如果一個渴望權力的人同時掌握這兩種權利，他們可能會制定對自己有利的法律並加以執行。另一個限制是對主權者的抵抗權。主權者有責任保護每個人的財產，並創造一個比自然狀態下更為良好的社會。因此，當主權者無法保護公民的所有權，並違背公民的信託時，公民有權作為最後手段解散該立法機構或行政機構。

盧梭的自然狀態

接下來，我們來回顧盧梭的社會契約論。盧梭是十八世紀出生於日內瓦共和國的哲學家，也是啟蒙運動時期的才華橫溢之士，他在哲學、語言學、教育學、文學和音樂等多個領域都有卓越的成就。盧梭在《民約論》（*Du contrat social ou Principes du droit politique*, 1762）中提出了自己的社會契約論。此外，他在《論人類不平等的起源》（一七五五）和《愛彌兒》（一七六二）中詳細陳述了自然狀態與人性的觀點。接下來，我們將重點放在《民約論》和《論人類不平等的起源》，綜觀他的社會契約論。

首先，讓我們介紹盧梭思想中的自然狀態。在《論人類不平等的起源》中，盧梭將人類從自然狀態墮落至不適當狀態的過程描繪為從原始時代到現代社會的歷史進程——當然，這並非真實的歷史，而是一種假設。在盧梭看來，現代社會是人與人之間不平等持續惡化的結果，他將現代社會形成之前的過程劃分為幾個階段，其中第一階段即在嚴格意義上相當於自然狀態的原始狀態。在原始狀態下，人類沒有語言、生活技能和棲身之所，獨自在森林中徘徊，作為自由存在。自我沉溺和憐憫等情感是人類的行為原則，前者導向自我保護，後者則促使減輕自我保護的欲望。盧梭對這些情感給予積極評價，稱之為「自然德行」。在原始狀態下，人類沒有善惡之分，雖然缺乏社會性，但作為平等的存在，不會與他人產生衝突。

然而，隨著人口的增長，人們與他人交流的機會也隨之增加，理性開始發展，並進入與他人協作的階段。最終，雖然一個共同體形成了，但每個人都開始互相評價，並產生了自尊心。隨後，人類開始耕作和冶金，分配土地並累積自己的私有財產。

私有制會導致不平等，並激化人與人之間的衝突。為了避免這些情況，人們透過社會契約成立了管理單位，但這實際上是一種富人欺騙窮人的契約，透過法律來維護私有制與不平等。最終，這個社會可能演變為專制主義，人們淪為只能服從統治者的奴隸。

綜上所述，盧梭認為現代社會是因私有制而腐敗的極致狀態，但這並不意味著人類應該放棄社會生活，回歸自然狀態。相反，盧梭試圖探討在何種社會中人類才能避免陷入奴隸狀態，也就是不會失去自由。他的社會契約論正是這種政治制度的替代方案。

自由、社會契約、公意

盧梭在社會契約中誓言捍衛人類的自由，他的自由觀與史賓諾莎相似，都是自我決定的自由。在《民約論》第一篇中，盧梭將自由定義為「僅服從自己」。此外，在盧梭的思想中，自由也是道德的必要條件（《民約論》第一篇第四章）。自然賦予每個人的自由，是自我保護與道德中不可或缺的部分。

在不失去自由的前提下，保護自己及其財產的統治機關的建立方法即為社會契約。然而，放棄自己的權利並遵從國家的命令，難道不會與自我決定的自由相矛盾嗎？這一難題可以透過每個人將自己及其所有權利轉讓給共同體，並成為該共同體的一員來解決。這個社會契約可以如下表述：

我們所有人都將自己的身體與所有力量交出，置於公意（General will）的最高指揮之下。只要我們組成一個政治體，每個成員便會成為整體不可分割的一部分。（《民約論》第一篇第六章，頁二四二）

這基本上與史賓諾莎的觀點相似。每個人轉讓自己的所有權利，組成一個共同的政治體，意味著所有成員將化為同一人格的主權者。這個公共人格會根據「公意」制定法律，以追求公共利益為目標，而不考慮每個成員的個人利益（相對於公意，每個成員的個人意志被稱為「特殊意志」）。對於共同體的成員而言，遵循法律實際上就是遵從自身意願的自決。盧梭這一建議的問題在於，如何確保公意以公共利益為目標。盧梭聲稱立法者能夠解決這個問題，但許多評論者指出他的論點缺乏說服力。然而，撇開這一點，盧梭試圖透過提出史賓諾莎的民主主義來調和自由與政治權威之間的矛盾。

對基督教的態度與對理性的看法

目前為止，我們已經探討了洛克與盧梭的社會契約論。他們的理論都提倡人民主權，並支持公民革命，但在自由的概念和所主張的政治體制上卻存在差異。接下來，我們將確認洛克和盧梭對基督教的態度，並思考這種態度與他們對理性選擇主義的反思之間的關係。

首先，洛克認為基督教是社會契約論的重要組成部分。在洛克的理論中，保障所有權是透過社會契約所建立的管理單位的任務，而其基礎便是強調保護所有權的自然法。值得一提的是，這一自然法是建立在神學之上的。洛克在一六六〇年代所著的《自然法論文集》（*Essays on the Law of Nature*）第一卷中明確指出，自然法是「透過自然之光〔理性〕可識別的神之意志」。由此可見，洛克的社會契約論可以被視為其神學自然法的延伸，許多研究洛克的學者也指出，洛克的政治哲學與基督教信仰有著密不可分的關係。儘管洛克在《政府論》的第一部分中反駁了費默的君權神授說，他的批評主要針對費默的理論在神學上的錯誤，而並非對神學本身的否定（加藤節，《約翰．洛克：神與人之間》岩波新書，二〇一八年，頁八三－八七）。此外，洛克的社會契約論仍以依附神學為前提，並未削弱理性的地位，這一點可以從他承認自然法需要理性的事實中得到證明。洛克的社會契約論是神學要素與理性作用的共同產物，與對理性選擇主義的反思無關。

接著，讓我們來談談盧梭。在盧梭的社會契約論中，基督教並非社會契約論的核心要素。可以說，盧梭的社會契約論與基督教的關係，主要體現在宗教作為政策的層面上。在《民約論》第四篇第八章中，盧梭探討了宗教在國家中可能扮演的角色。他認為，國家應該採用公民宗教，其功能是培養公民對義務、法律和正義的熱愛。這種公民宗教必須為所有公民所接受，並具備兩個特點：①包含各種宗教信徒普遍接受的教義；②必須是寬容的。根據這些標準，基督教只有在接受公民宗教的信條並對其他宗教持寬容態度時，才會被接納。對基督教的這種限制性態度與盧梭對理性選擇主義的反思有一定關聯。生於啟蒙運動時期的盧梭並未忽視理性，但他深知理性的局限。例如，在《愛彌兒》第四卷中，他主張僅依靠理性不足以使人類趨善避惡，還需要道德情感中的良知。因此，盧梭對情感給予了一定程度的肯定，但並不僅僅限於理性選擇主義。對他來說，當宗教能夠培養義務、法律和熱愛正義的情感時，宗教在政治哲學中的地位才會獲得認可。他對基督教的態度在其社會契約論中也與他對情感的評價相一致。

宏觀來看，雖然洛克和盧梭同屬於啟蒙運動的流派，但他們在社會契約論中對基督教的態度卻存在顯著差異。此外，他們對理性的看法也有所不同，這在一定程度上反映在他們對基督教的態度上。洛克生活在啟蒙運動的準備階段，而盧梭則生活在意識到理性局限的啟蒙運動時期，因此，他們的社會契約理論也因此有所不同。

本章參考了以下的日文譯本（但在筆者的責任下有變更幾處的翻譯）。附引用頁數為以下的日文譯本。霍布斯，《利維坦（一至四）》（水田洋譯，岩波文庫，一九八二—一九九二年）；史賓諾莎，《神學政治論（上、下）》（吉田量彥譯，光文社，二〇一四年）；史賓諾莎，《倫理學》（收錄於《世界名著25史賓諾莎與萊布尼茲》，工藤喜作、齋藤博譯，中央公論社，一九六九年）；洛克《全譯 政治論》（加藤節譯，岩波文庫，二〇一〇年）；盧梭，《民約論》（收錄於《世界名著30盧梭》，井上幸治譯，中央公論社，一九六六年）

延伸閱讀

內井惣七，《自由的法則：利害的邏輯》（Minerva書房，一九八八年）——以細膩又明快的方式論及霍布斯、洛克、盧梭、康德之社會契約論的結構與問題。此外也探討了社會契約論與效益主義之間的關係。

大衛・布歇（David Boucher）、保羅・凱利（Paul Kelly）編，飯島昇藏、佐藤正志與其他譯者譯，《社會契約論：從霍布斯到羅爾斯》（*The Social Contract from Hobbes to Rawls*，Nakanishiya出版，一九九七年）——以從霍布斯到現代的社會契約論，探討其發展及不同論點的論文集，內容專業。

加藤節，《約翰．洛克：神與人之間》（岩波新書，二〇一八年）——簡單地說明了洛克的哲學思想，包括他的社會契約論與其宗教思想間的關係。

桑瀨章二郎編，《給學習盧梭的人》（世界思想社，二〇一〇年）——詳細介紹了盧梭的整體思想，其中一篇文章（吉岡知哉「政治制度與政治——關於《民約論》」）仔細闡釋了盧梭的社會契約論。

松永澄夫編，《哲學的歷史6知識、經驗、啟蒙（十八世紀）》（中央公論新社，二〇〇七年）——概述洛克與盧梭的哲學思想，這對於全面了解他們的思想哲學很有幫助。

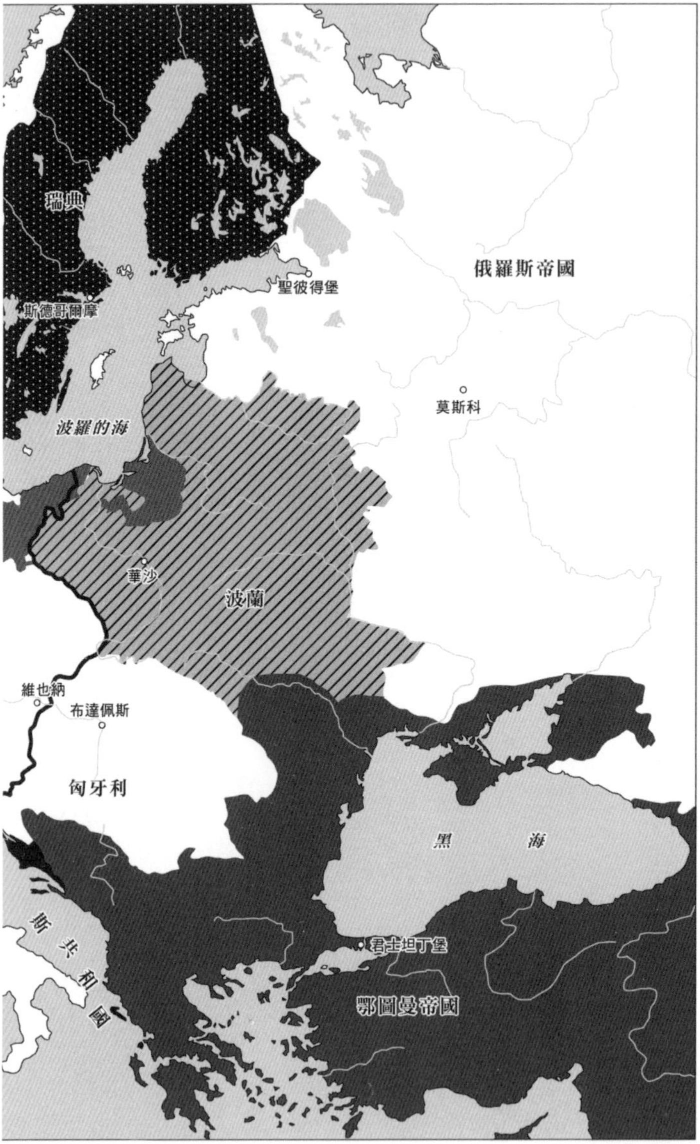
瑞典
斯德哥爾摩
聖彼得堡
俄羅斯帝國
莫斯科
波羅的海
華沙
波蘭
維也納
布達佩斯
匈牙利
黑海
君士坦丁堡
鄂圖曼帝國
斯共和國

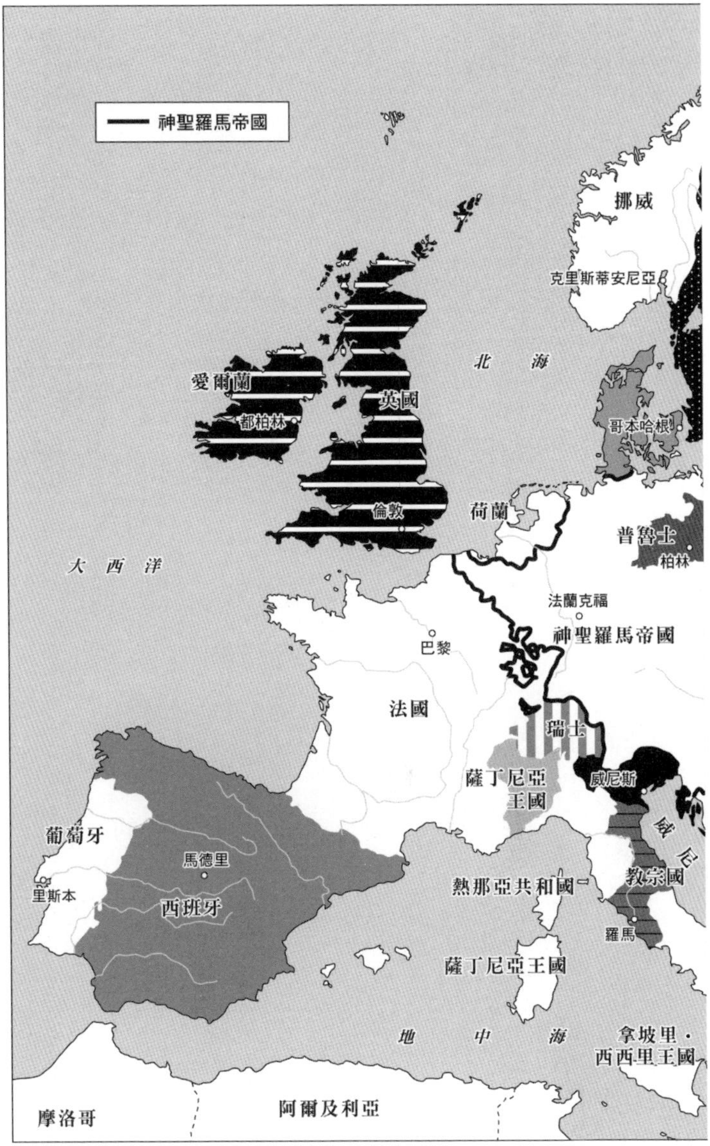

神聖羅馬帝國
挪威
克里斯蒂安尼亞
北海
愛爾蘭
都柏林
英國
哥本哈根
倫敦
荷蘭
普魯士
柏林
大西洋
法蘭克福
神聖羅馬帝國
巴黎
法國
瑞士
薩丁尼亞王國
威尼斯
葡萄牙
馬德里
里斯本
西班牙
熱那亞共和國
教宗國
威尼
羅馬
薩丁尼亞王國
地中海
拿坡里・西西里王國
摩洛哥
阿爾及利亞

一七二一年的歐洲

專欄三

唯物論與唯心論　戶田剛文

唯物論（materialism）與唯心論（idealism）一直是西方哲學中持續討論的重大問題之一，尤其在近代以後，其重要性愈加突出。唯物論認為，所有存在於世界上的事物都是物質，而唯心論則主張，所有存在的事物皆以心靈為基礎。認為世界上所有事物都是透過心靈而存在的觀點，或許可以與東方及日本等地的「泛靈論」（animism）相聯繫。然而，西方哲學中的唯心論更傾向於知識論，主張世界的一切皆為主觀，並存在於我或神的心中。

唯物論是基於自然科學的世界觀，受到一些哲學家的青睞，這些哲學家希望將世界重新納回自然科學的範疇。當哲學家採取自然主義立場時，許多人會選擇唯物論的世界觀。另一方面，近代唯心論最具代表性的哲學家是喬治・柏克萊（George Berkeley, 1685-1753），他的主張旨在批判當時以科學世界觀為基礎的哲學家。

唯物論作為科學世界觀的基礎雖然有許多優點，但與我們日常生活的信念體系存在不少衝突，例如心靈的存在、自由意志，以及顏色等各種主觀現象的問題。這些對立所引發的諸多問題被引入哲學的討論中。另一方面，雖然柏克萊的唯心論在現代難以維持其原本的樣貌，但它改變了形式並持續受到人們的關注與討論。現代對於世界如何獨立於我們的信念存在的疑問，有些人將其視為假說，或利用理論來觀察世界，這些都體現了柏克萊唯心論的影響。

此此外，我們不必認為唯物論和唯心論中只有一種是正確的。也就是說，我們可以質疑這一結構本身。舉例來說，彼得・弗列得瑞克・史陶生（Peter Frederick Strawson, 1919-2006）對還原主義的自然主義提出了非還原主義的觀點。他指出，無論是科學主義的視角還是日常生活中承認心靈存在的主觀視角，都源於我們的本性（自然），並且這兩者都具備正當性。實用主義也接近這一立場。考慮到這些因素，我們應該從根本上重新思考更複雜且豐富的世界樣貌，而不是一開始就接受既有的二分法。

CHAPTER

four

第四章

從啟蒙到革命

王寺賢太

啟蒙から革命へ

一、前言——「世界哲學史」中的啟蒙與革命

「大西洋革命」或是「政治自治」？

一般而言，十八世紀法國的政治思想可以概括為「從啟蒙到革命」的過程。這一時期的思想家不僅是現代共和主義的先驅，同時也被視為恐怖統治的源頭，因此在現代政治秩序的合法性上引發了長期的爭議。在整個十九、二十世紀，法國大革命成為了後來試圖推翻舊體制、建立新政權的革命運動的典範，但這也使得相關的討論與爭論愈發激烈。

在蘇聯和東歐社會主義體系崩潰已久的背景下、資本主義全球化的浪潮席捲整個世界的今天，十八世紀的法國政治思想重新被視為西歐從近世過渡到近代的重要標誌，並被納入所謂的「大西洋革命」的範疇。西歐的近世時期經歷了宗教改革和宗教戰爭，這一過程結束了以羅馬天主教會和神聖羅馬帝國為基礎的宗教與政治統一，建立了主權國家的分立體制。此外，自從新大陸被發現以來，西方列強在美洲大陸建立了殖民帝國，並開始追求商業利益，包括與非洲西岸進行的黑奴貿易。在美國獨立、海地革命到南美各國的獨立等「大西洋革命」的背景下，法國大革命被視為西歐近世終結殖民帝國的開端，並為現代主權國家和民族國家的權力分立向全球擴張拉開序幕。

「大西洋革命」是七年戰爭（一七五六—一七六三）[1]後全球性政治與經濟變革的結果。在十六世紀以前，哈布斯堡王室與法國王室爭奪帝國霸權，但隨後國際關係的主軸轉變為英法對立，這被稱為「外交革命」。在這種背景下，七年戰爭爆發，促使英法之間爭奪亞洲、非洲及美洲的商業和殖民利益。英國雖在戰爭中取得壓倒性勝利，邁出了帝國主義時代的第一步，但戰後英法都陷入長期大規模戰爭，並面臨嚴重的財政問題。在這段時期，兩國幾乎同時出現了經濟自由主義，英國因殖民地徵稅引發國內紛爭及美國獨立宣言，法國也出現了「從啟蒙到革命」的各派政治思想。

然而，從大西洋革命的角度來看，關鍵在於美國獨立後基於代議制度的現代民族國家的興起，以及國際體系的形成。隨著重商主義時代的國際貿易網絡早已統一世界，「從啟蒙到革命」的法國政治思想最終被視為為全球市場中民族國家分立體制辯護的意識形態。如今，以「大西洋革命」為旗幟的全球思想史研究，至今仍停留在法蘭西斯．福山的《歷史的終結》（*The End of History and the Last Man*, 1992）之後。面對中國、俄羅斯、土耳其等非西方大國崛起的挑戰，這些研究似乎依然維護美國及其他舊西方國家中的資本主義與自由民主制度結合的論述。

如果是這樣，那麼在「世界哲學史」的框架內重新思考「從啟蒙到革命」的法國政治思想時，我們必須回溯這些思潮中固有的理論問題，以及推動民族國家體制全球化的普遍性。啟蒙時代的「哲士」（philosophe）們各自從其獨特的人類學（anthropology）的觀點出發，進而探討其所屬政治共同體的應有樣貌與運作。他們也是西歐歷史上首批不依賴身分或官職，而僅透過理論言說參與政治的人。若聚焦於他們的理論言說，我們可將其政治課題歸結為如何構想並實現「自治」的問題：一個政治共同體如何為自己制定法律，並約束自身？十八世紀法國的哲學家和革命家們共同面對這一課題，這與十八世紀末康德在柯尼斯堡提出的「啟蒙」理念——「超脫自我招致的未成年狀態」——相呼應。而這種「政治自治」[2]的實現，不僅超越時代與地域的限制，至今仍是我們這些身處大西洋革命後世界中的人們所面臨的難題。

根據上述觀點，讓我們回顧十八世紀中葉到法國大革命期間的各種政治思潮。從孟德斯鳩對專制主義的批判，盧梭、魁奈與狄德羅在七年戰爭後對新政治合理性的探索，到孔多塞和羅伯斯比爾面臨的共和政治問題，在不到半個世紀的時間裡，哲學家和革命家所面臨的政治課題

1 譯註：「七年戰爭」是歐洲歷史上一場規模龐大的全球性戰爭，主要參與國包括普魯士、奧地利、法國、英國和俄羅斯，戰事遍及歐洲、美洲和亞洲。七年戰爭最終結束於一七六三年《巴黎條約》，英國從法國手中奪取了北美大部分殖民地，而普魯士王國則崛起為歐洲強權。

2 譯註：「政治自治」（political autonomy）指的是政治體或個體在治理和決策上的獨立性與自我管理能力。其歷史根源可追溯至古希臘城邦，特別是雅典的民主制度，反映了個體在政治過程中的自主性。十八世紀的啟蒙運動進一步推動了政治自治的理念，挑戰專制主義，並促進了對個人自由和社會契約的認識。十九世紀的民族主義運動強調自決權，許多國家和民族爭取獨立，追求政治自治權。

經歷了重大轉變。當我們將這一切理解為對政治自治的探討時，「從啟蒙到革命」的轉型過程便顯現出自相矛盾且曲折的特徵。

二、孟德斯鳩對專制的批判

「法律精神」與「一般精神」的關係

在法國歷史上，「十八世紀」的開端通常被視為一七一五年路易十四漫長統治的結束。路易十四是西歐君主專制全盛期的象徵，他完成了內政與軍事的中央集權化，並確立了重商主義制度，但他的統治也帶來了許多負面的影響，包括對新教的迫害、因不斷地對外征討而導致的財政問題等。十八世紀前半葉的法國政治思想，正是在批判這位「太陽王」的專制統治——恣意妄為的一人統治——的背景下展開。這種批評針對的是君主壟斷內政與外交的絕對權力，進一步揭示了對專制主義的抵制。

「法律，在最廣泛的意義上，是從事物本性中衍生出來的必然關係。」在《法意》（*De l'Esprit des lois*, 1748）的開頭第一節，孟德斯鳩（Montesquieu, 1689-1755）駁斥了西歐近代法學和哲學中將法律視為神或君主命令的常見觀念，並轉而強調那些能夠約束神和君主的法則。依循這些法則來規範自我與他者的關係，正是「統治」（政體、政府）的核心意義。而在人類社會中，這種

「統治」展現出一種特殊的自我關係。與全知全能的神、具有超人智慧的天使，或依本能行事的動物不同，人類的知性有限，認識可能有誤，行為也可能違法，因此需要透過法律來約束和統治自身。在這個過程中，人類的統治偏離了神創造的自然秩序，自律地重新創造秩序，並在偏離與重塑自律的過程中，形成了一個具有歷史性的自我關係過程。

為了揭示人類法律的內在本質，孟德斯鳩進一步提出了自然狀態的假設。他認為，在社會尚未形成之前，孤立狀態中的人類只會感受到自己的「弱點」，面對他人時，因「恐懼」而選擇逃避，而非攻擊。霍布斯將自然狀態假設為戰爭狀態，只是將社會成立後的人類狀態投射到社會形成之前。儘管如此，由於人類具備反思能力，當發現彼此互相迴避時，他們會逐漸接近，並建立關係。此外，社會的形成還涉及物種保護的需要以及語言能力的幫助。與霍布斯從戰爭狀態出發，主張為了建立人類秩序，每個人必須將自然權利交給一個主權者不同，孟德斯鳩試圖從平等且橫向的社會關係出發，來理解統治的運作。

在社會狀態下需要統治，是因為那些在社會中感覺自己毫無弱點的人，會在不同社會間發動戰爭，也會在單一社會中，因強弱分化而挑起戰爭。因此，實定法（如萬民法、國家制度法、民法）的需求應運而生。孟德斯鳩所說的「法律精神」，指的是實定法及其界定條件的整體關係。最首要的條件是君主制、共和制和專制這三種「政體」的「本性」（權力組織的形式）與「原則」（各政體的特質）。其中，「恐懼」被視為專制政體的原則，與君主制的「名譽」及共和制的「德行」並列，這意味著在專制政體中，每個人都處於類似自然狀態的暴露狀態下行使政治權力。其他條件還包括各政體的自由程度、風土民情、習俗、財富、人口和宗教，以及法律間的相互關係和法制的歷史變遷。孟德斯鳩透過揭示這些條件與實定法之間的關係，試圖探索如何限制君主任意行使權力的方法。

而《法意》的「一般精神」論則表明了此概念與政治自治之任務並非毫無關聯。用現代的說法，這種「一般精神」相當於每個公民的「民族性」，對此，孟德斯鳩指出：「只要國民的精神不違背政治的各項原則，立法者就應該順應之。」他還提到，當國民表達「讓我們保持現狀」的意願時，立法者不應違逆國民的要求或另行立法。儘管這種說法謹慎且帶有消極性，「一般精神」依然是立法的最終基準。值得注意的是，形成「一般精神」的條件幾乎與構成「法律精神」的條件相重疊。「風土民情、宗教、法律、歷史事例、習俗、生活方式等，都是構成一般精神的要素。」無論是實定法還是一般精神，都在錯綜複雜的整體關係中受到多重規定。如此一來，透過這兩者的關係，我們能看到各種源自社會的關係回歸自身，形成一種自我治理的特權循環。

從這個帶有社會學色彩的孟德斯鳩觀點來看，政治自治與法國近世歷史中形成的君主制秩序——包括身分制度的社會結構與中介團體（如教會和高等法院（王國法院））的存在，或日益擴大的財富生產與流通空間——並不矛盾。事實上，廣為人知的「三權分立」思想不僅限於國家機構內部的權力劃分，還希望透過國內各階級之間的相互關係來防止專制。然而，七年戰爭後，隨著政治與經濟秩序的動盪，這一歷史上調和君主制與政治自治的立場接連遭到挑戰。在這段時期，法蘭西王國不僅面臨海外領地與殖民地的喪失以及財政困難，還經歷了如耶穌會被驅逐（一七六二—一七六三）和高等法院被強制改組（一七七〇—一七七四）等國家體制的動盪。正因此，哲學家們紛紛開始探索超越既有秩序的政治理想。

三、摸索新政治的正統性

盧梭——名為「人民主權」的矛盾修辭法

在盧梭看來，《法意》中的討論僅僅是對歷史上各種政體功能的分析。此外，盧梭也是第一個探索不同於任何既有秩序的政治正統性的人。早在《論人類不平等的起源》中，盧梭就已斷言，霍布斯與孟德斯鳩都只是將其所支持的政治思想投射到自然狀態之中。透過回溯到人類尚未與自然分離的「純粹自然狀態」，盧梭發現，人類只是一種除了具備「完全的可能性」之外，毫無其他內在能力的動物。

而且，我們不應將「社會的形成」理解為完整可能性的持續展現，而應將其視為間歇性前進的結果。在這一過程中，人類因季節與地形變化、冶金與農業的發現等一系列偶發事件而

「非自然化」。隨著農業的發展，土地占領遍布大地，戰爭狀態隨之而生。為了擺脫戰爭狀態，人類締結了政治契約，但這只不過是富人為了保護財產，向窮人提出的契約。對盧梭而言，所有權不僅不是自然權利，而是一種人為產物。由於統治會使貧富不均制度化、永久化，這種不平等最終會演變為專制。

盧梭在《論人類不平等的起源》中質疑了所有既定的政治秩序，並在《民約論》中正面提出了對「正統行政基礎」的疑問。為了尋找正統法律秩序的根據，盧梭追溯到依據全體成員意志形成單一「政治體」的社會契約。為了打破歷史上不祥的因果關聯，必須將社會分解至個人層面，重新思考這些由個人組成的政治體。透過這個社會契約，「每個人都將自己的人格及所有能力作為共有財產，置於公意的最高指揮下，並且我們將每個成員視為集體中不可分割的一部分」。每個人都將自己的人格與能力「完全轉讓」給所參與的政治體，服從政治體的「公意，」成為政治體的一員，其人格與權利均來自政治體的認可。這種公意的表現形式就是法律，而公意的主體則是由整體組成的「主權人民」。

值得注意的是，盧梭再次採用了霍布斯「作為命令的法律」概念，取代了孟德斯鳩的「作為關係的法律」，並再次強調「主權」的絕對性，以取代「統治」。無論是君主制還是共和制，盧梭的「統治」僅是為了服從主權者的法令（即法律是公意的體現）而存在，並且僅適用於個別情況。然而，這個主權並非簡單地復刻了霍布斯的思想，因為它以不可轉讓的方式屬於人民。「人民主權」指的是「人民對人民」發號施令，每個成員都主動服從命令，在這種「雙重關係」中，主權者（君王）與臣民（人民）之間的支配與隸屬關係被消解，從而打破了主權的矛盾修辭。正是在這樣的「雙重關係」中，公意才是絕對正確的。實際上，當盧梭提倡人民直接行使主權時，他心中所指的是自古希臘到他故鄉日內瓦共和國的城邦傳統，而非採取君主制的近世主權國家。

盧梭認為，以個人契約為基礎的政治體是政治存在的根基，而政治合法性的基礎則在於人民對人民的「命令」——即「服從」。這是法國啟蒙運動所提出的最前沿政治自治理念。因此，「完全轉讓」的概念意味著，在資本主義全球化的開端，政治自治已經主導了經濟分配。然而，《民約論》同時提出了一系列原則性的難題：一個基於其成員一時意願的合法政治體究竟如何能實現並持續運作？依靠神之名，關於有助於體現公意的「立法者」，以及維護習俗和觀點的「公民宗教」的討論，是否揭示了實現這些理念的難處？即使能克服這些困難，治理的主體又該如何合理地將公意——法律的一般性——適用於個人？《民約論》不僅推動了即將到來的革命，還透過這一連串的問題，讓我們深入思考實現政治自治的挑戰。

魁奈——「開明專制」的悖論

另一方面，法蘭索瓦．魁奈（*François Quesnay*, 1694-1774）與盧梭的觀點相反，他基於自然權利理論，提出了合法的政治與經濟秩序的概念。他所主張的「重農主義」（physiocratie）理論以「自然權利」為出發點，將自然權利定義為每個人最大限度地享受自身權利，並認為只要每個人都理性行事，平等尊重他人的權利，這些自然權利的擴展必然會導向一種「自然且顯而易見的秩序」。這種秩序，即自然界固有的「明顯」自然神論，將依據自然法則促進財富的最大化。

魁奈將自然權利大致分為三類：人格（自我）、動產和土地，並皆歸結於所有權。其中，雖然土地所有權不可避免地會導致不平等，但我們必須接受這種不平等，因為如果沒有土地的所有權，作為財富唯一來源的農業發展將無法實現（《關於自然權利的考察》）。在《經濟表》（*Tableau économique*, 1759）中，魁奈將人們劃分為三個階級，分別是「地主」、「生產者」（農民）和「非生產者」（工商業人士），並以農業生產為模型，闡釋了資本再生產的循環，這是對自然權利理論的延伸，也是試圖從財富生產與分配的角度，「合理」地重構君主制下的階級秩序。統一土地稅收和推動經濟自由化的訴求也源於此。

然而，在魁奈的思想中，對自然權利的擁護與專制並無矛盾。因為如果自然權利的合理發展能促使君主至上的理想政治經濟秩序得以實現，那麼根據自然法，君主為實現或維持這一秩序的權力便不應受到限制。重農主義者的「開明專制」理想由此確立。儘管這一理想充滿悖論，但它源自一種理論上的嘗試——即試圖讓因應個人自然權利合理發展所產生的經濟秩序與政治的階級秩序相一致，從而實現政治自治。

魁奈進一步認為，中國正是「開明專制」的理想典範，並以此為模範，對七年戰爭後的法蘭西王國提出了激進的政治與經濟改革建議。孟德斯鳩認為，這種將宗教、法律、習俗與禮儀結合，並在皇帝的父權威權下推動農業生產的帝國，是一種不區分「公」（polis）與「私」（oikos）的專制主義，因此選擇迴避。然而，對於魁奈而言，這樣的專制主義是一種理想體制，不僅能在儒家對自然法的崇拜下建立「一君萬民」的制度，還可以透過科舉制度實現沒有階級制度的菁英政治，並最大化農業生產〔《中國的專制制度》（*Le Despotisme de la Chine*）〕。

狄德羅——「文明化」與其極限

一七七〇年代，狄德羅透過一系列關於俄羅斯的論述，以及對西歐國家商業和殖民主義擴張後果的探討，參與撰寫了雷納爾（Guillaume Thomas François Raynal, 1713-1796）的《兩印度地區的歐洲制度與商業的哲學與政治歷史》（一七七〇年初版，七四年第二版，八〇年第三版），並在其中多方面地批評全球政治局勢。他的立場深受孟德斯鳩影響，根據各政治共同體的具體條件，努力避免專制。實際上，狄德羅回歸孟德斯鳩的觀點，尖銳地批評了魁奈對中國專制體制的理想化，認為這種體制壓制了一切「自由的萌芽」（第三版）。

狄德羅的各種政治主張，可以視為與洛克的自然權利論立場相近，區分了自然自由、公民自由和政治自由，並針對不同的對象捍衛這些自由。他批判黑人奴隸制度時主張自然自由，批評重商主義時捍衛公民自由，支持美國獨立時則強調政治自由，甚至贊同被統治者採取暴力行動。自然自由的基礎是人格與自我所有權，而公民自由的基礎則是財產所有權，因此合法的政治秩序必須尊重所有權。然而，狄德羅反對魁奈的目的論——即從自然權利的合理發展中推導出和諧的政治與經濟秩序。狄德羅藉此區分了公民（經濟生產、分配及議論）與政治（政府）的層面，後者在面對前者所產生的不平等或紛爭後，接受委託，透過立法來糾正是非。在此過程中，狄德羅不再依賴階級制度，而是透過經濟生產、分配與議論的自主性來限制、控制，甚至剝奪統治者的權力。可以說，他比黑格爾更早形塑了「公民社會」與「國家」的區分。

狄德羅進一步以「文明化」之名，構思了在長期歷史進程中，階段性實現自然、公民及政治自由的計畫。在俄羅斯的解放農奴制度和亞洲的殖民地建設中，這項計畫的核心是將土地分配給來自西歐的殖民國家，鼓勵農業生產，促進殖民地的經濟發展，並試圖透過殖民地的自主發展與擴張，將俄羅斯的農奴和亞洲的原住民轉變為類似殖民者的經濟主體。數個世紀以來，正是這種由所有、勞動和交換組成的經濟主體，使俄羅斯擺脫了農奴制度，帶領亞洲脫離了野蠻狀態，並最終從西歐殖民帝國的控制中「解放」。當地居民在自治的政治共同體中，透過議論或議會，成為能行使政治自由的「公民」。

這個文明化計畫試圖人為地重現自中世末期以來，西歐主權國家與國際貿易的平行發展所帶來的農奴解放、第三階級地位提升及身分制議會成立等歷史性的良性循環。然而，這一計畫旨在推動資本主義與國民國家分立體制的全球化，充滿了典型的西歐中心主義色彩。儘管如此，這一計畫的選擇是基於一種認識，即在「歐洲擴張」結束後，地球上已經不存在不具所有權且自給自足的共同體生存條件（《布甘維勒之旅補述》（*Supplément au voyage de Bougainville*））。我們不能忽視，狄德羅對美國獨立抱有希望，正是因為他認為那裡有可能回歸古代小共和國聯邦的模式，這種聯邦以農業為基礎，實現經濟自立與政治自由的共存。相反，在西歐的君主制下，狄德羅看到的是個人對商業利益的無盡追求，這導致了政治共同體凝聚力的喪失，並讓他預見了末日的逼近。「一個民族只有在血海中才能重生」，「當一個民族衰退時，似乎只有一連串漫長的革命才能使它重新振作」（《兩印度地區的歐洲制度與商業的哲學與政治歷史》第三版）。對狄德羅而言，歷史絕非一條通往文明化與解放的進步之路。

四、實現革命與政治自治的困難

從十八世紀末的政治動盪中走來

自一七七六年起，法蘭西王國為了報復英國，參加了美國獨立戰爭（一七七六—一七八三），但這也進一步惡化了國家的財政狀況，並隨著一七八九年三級會議的召開，法國進入了革命時代。為了重建王國的財政，封建制度下的各種特權必須被廢除，這自然涉及到重新思考國家制度的問題。眾所周知，從《人民與公民權利宣言》[3]、到君主立憲制與共和制度的樹立、一七九三年國王的處決與恐怖統治，再到次年的熱月政變，隨著各黨派間的權力鬥爭以及與鄰國的革命戰爭，革命期間的政治動盪愈演愈烈。

法國大革命從一開始就具備政治和哲學的內涵，它在普遍人權的基礎上確立政治的合法性，並試圖以成文憲法的形式確立國家基本法。然而，在國內外的動亂中，由王國轉型為共和國的緊迫問題，強硬地突破了啟蒙運動的政治自治理想中蘊含的困難與悖論，同時也帶來了意想不到的負面轉折。

孔多塞——「代議民主制」與「人類的無限完成可能性」

孔多塞原是達朗貝爾身邊的數學家和哲學家，七年戰爭後，他在杜爾哥[4]手下推動政治和經濟改革，隨後成為吉倫特派的政治家，象徵著「啟蒙到革命」的延續。在這一點上，他與魁奈一脈相承，早在革命之前就批判階級制度，並從尊重個人的自然權利出發，追求主權國家內部的統一與均質化。在大革命初期，孔多塞依照盧梭區分主權（立法）與統治（行政）的方式，推動了君主立憲制，試圖實現人民主權與君主制統治的共存。然而，在路易十六出逃事件後，他轉而支持共和制度。然而，孔多塞追求的並非取代近世主權國家的另一種政治模式，而是一種透過在政府的行政和立法部門引入代議制和合議制來實現的新型主權國家制度。

其實在一七九三年發表的《吉倫特憲法草案》中，孔多塞呼籲建立的正是「代議制民主」。該草案賦予在法國居住滿一年且年滿二十一歲的男性投票權，並設置各縣的初級議會，由初級議會選舉產生立法議會和行政議會，構成其「代議民主」。在司法方面，陪審制度的引入成為關鍵。在這以美國聯邦制為參考的構想中，初級議會被賦予對高階立法議會和行政議會提出異議的權利，並規劃定期審查及修訂憲法和各項法律。其目的是將頻繁的民眾起義制度化，並根據不斷變化的政治局勢建立一個可持續的制度。更重要的是，孔多塞對盧梭「公意」的任意性保持警惕，並運用機率論，在「最多數的集體理性」中尋求合法來源。對孔多塞而言（《關於政治權力之本性》），「代議制民主」是最能體現「集體理性」的政治制度。

3 譯註：《人民與公民權利宣言》（*Déclaration des droits de l'homme et du citoyen*），又稱「人權宣言」，是法國大革命期間於一七八九年八月二十六日通過的一份重要文件。該宣言強調人人生而平等，並享有自然權利，包括自由、財產、安全和反抗壓迫的權利。宣言確立了法律面前的平等，否定了封建特權，並確保了國民主權，即政府權力來自於人民的同意。

4 譯註：杜爾哥（Anne Robert Jacques Turgot, 1727-1781）是法國啟蒙時期的重要經濟學家和政治家，主張自由市場和經濟改革，反對重商主義與封建特權。他在路易十六時期擔任財政總監（一七七四—一七七六），推動取消農產品價格管制、廢除徭役、簡化稅制等改革，試圖振興法國經濟。

如此一來，這一政治構想與孔多塞在恐怖統治期間逃亡時完成的遺作《人類精神進步史表綱要》密切相關。在這部著作中，他與盧梭的觀點相反，從人性（五感、愉快與痛苦的感受、完美的可能性）出發，以人類歷史的視角描繪人類不斷進步的能力。經歷了狩獵採集、畜牧、農業三個階段，並綜觀古代、中世紀和近世的西歐歷史，最終以法國大革命為終點，並在「人類無限完成的可能性」基礎上，展望人類朝向未來的無限進步。這種進步的原動力存在於與真理和謬誤的鬥爭中，意味著從自然科學到道德、藝術等學問，以及相關技術和產業的發展。不僅如此，孔多塞認為謬誤源自無知，而神職人員與當權者為了維持他們的權威，助長迷信和謬誤的延續。反之，真理的累積與傳播是解放被支配者的過程，因為它直接削弱了統治者的權威，並賦予人們自然權利的普遍性。

在人類歷史中，逐步消除個體間在真理、財富、權利上的不平等，正是孔多塞所夢想的無限進步的「文明化」過程。他期望透過「社會技術」來協調社會中的私人利益與公共利益，加速這一進程。這是一種帶有唯心論色彩且技術官僚主義的進步史觀。儘管如此，在工業資本主義時代到來之前，它確實勾勒出了整體社會自治和自我關係運動的當代史觀。

羅伯斯比爾——「恐怖統治」的邏輯與「最高主宰崇拜」

在恐怖政治失敗的背景下，孔多塞將政治自治的思想投射到人類無限進步的理想中，而馬克西米連・羅伯斯比爾（Maximilien Robespierre, 1758-1794）則在恐怖政治本身中看到了政治自治理想的實現，或者說是被迫接受這一現實。所謂「恐怖政治」，指的是一七九三年初路易十六被處決後，法國面臨反革命鄰國的戰爭、內部對立黨派的內戰與抗爭，以及經濟恐慌引發的民眾糧食短缺等三重困境。在此背景下，國民公會由山岳派（Montagnards）[5]掌握主導權，在「救國委員會」的領導下，宣告實行「革命統治」，並暫停第一共和國憲法的生效。革命法庭迅速大規模地清洗政敵，這一系列事件便是「恐怖政治」。羅伯斯比爾對恐怖政治的正當化，揭示了這位啟蒙哲學信徒在現實中對政治理想的自覺反轉。

在一七九四年二月五日發表的「指導國民公會的政治原則」演說中，羅伯斯比爾首先引用孟德斯鳩的用語，呼籲將民主制度作為共和政體的「本質」，並以人民將其行使主權（立法）委託給國民公會（人民代表）為前提，合理化了將法律執行（行政）也交由人民代表負責的做法。在這一點上，孔多塞與羅伯斯比爾並無太大分歧，結合行政與司法，成立革命法庭的舉措，也符合以主權不可分割為基礎、排除三權分立的第一共和制度原則。

5 譯註：山岳派是法國大革命期間的激進共和派，因其成員在國民公會中坐在上排高處而得名。主要由巴黎的革命領袖組成，包括羅伯斯比爾等人。他們主張強硬的中央集權政策，推動社會平等，並支持恐怖統治，以應對內部反對勢力和外部威脅。山岳派在一七九三至九四年掌握國民公會的主導權，但隨著羅伯斯比爾倒台而式微。

令人驚訝的是，對於民主制度「原則」的思考如下：「若美德是和平時期民主政體的原動力，那麼在革命時期，原動力便是美德與恐懼的共存。若無美德，恐懼將是不祥的；若無恐懼，美德則無法發揮作用。所謂的恐懼，就是迅速、嚴格且堅決的正義與司法。」孟德斯鳩認為共和政體的原則是「美德」（對祖國與法律的愛），而羅伯斯比爾則將「恐懼」與《法意》中作為專制原理的「恐怖」相結合，並將其轉化為緊急情況下民主政府的政治手段，從而合理化了革命法庭的存在。

確實，《法意》中提到，斯巴達的民主政體將「私」（oikos）埋沒於「公」（polis），而中國的專制則是將「公」（帝國全民）完全從屬於「私」（君主），兩者都因為直接行使權力而受到迴避。羅伯斯比爾所追求的，是透過「美德」這一「滅私奉公」的倫理來統一公與私，並在「革命統治」中直接行使權力。然而，當這種權力透過代議制運作，簡化了主權與統治之間的制衡，並將行政權與司法權融合於國家機構時，這種政治自治的回路便形成了一個令人恐懼的政治空間。在此空間中，除了掌握實權的「代表者」，其他人都成為潛在或明顯的「敵人」。

在共和國的危機中，羅伯斯比爾無疑是一名挺身面對困難的革命家，也比任何人都更真誠地追求政治自治的理想。正因如此，他才借鏡盧梭《民約論》中的公民宗教論，提出「最高主宰崇拜」[6]——就好比政治自治的回路本身無法自給自足，需要外部超然存在的宗教權威支持。然而，他所冀求的是為了搶先實現盧梭在《致達朗貝爾的信》（*Lettre a M. D'Alembert sur les spectacles*）描寫的慶典形象，以及一個不以人民為中介的共和國形象（《宗教、道德觀念與共和制度各原則的關係，以及國民慶典的報告》）。但正如盧梭所說的，此慶典應圍繞著「無」，以「無」的表象為中心組織而成。包括羅伯斯比爾在內的「救國委員會」成員，必須先被排除在這一理想的政治自治回路之外。

五、小結

「政治自治」——剩下的疑問

在「從啟蒙到革命」的時期，法國的哲學家與革命家們各自描繪了他們對政治自治的理想。然而，經過一系列有意識的偏離與顛覆，從孟德斯鳩對專制的批判到羅伯斯比爾的恐怖統治，最終出現了大幅度的反轉。對於生活在資本主義全球化的世界、奉行代議制民主的民族國

6　譯註：「最高主宰崇拜」（Cult of the Supreme Being）是羅伯斯比爾於一七九四年推動的國家宗教，旨在以理性主義取代傳統天主教信仰，強調德行與公民道德。然而，隨著羅伯斯比爾的倒台，這一崇拜很快消失。

家的我們而言，這段發生於工業資本主義與民族國家興起時期的歷史插曲並未成為過去，它清晰地揭示了理論與實踐中的各種問題。

另一方面，政治自治理想與主權國家的結合也引發了一系列問題。在個人作為權利主體生活其中，並透過代表制與法律相聯繫的主權與統治體系內，政治自治不可避免地面臨各種專制偏離的風險。盧梭與羅伯斯比爾的例子在理論與實踐上清楚地證明了這一點。此外，雖然本文無法深入探討這一點，但十八世紀的哲學家們清楚意識到，當政治自治在一個主權國家內體制化時，與其他主權國家的關係以及國際戰爭與和平的問題必然會浮現。

再者，十八世紀法國的同一事件也告訴我們，自由主義將個人權利與專制偏差視為相對的兩者，並試圖限制政治權力，最終必然演變為資本主義社會再生產過程的一種表現形式。這一表現形式以捍衛產權為基礎，並允許產權的「自由」發展。儘管自由主義試圖捍衛整體社會的自治運動，並將治理納入其中的一部分，但它依然可能被扭曲為不亞於「恐怖統治」的獨裁統治，這一點在重農主義的「開明專制」理想中早已可見。

在這些隘路中，我們是否仍然能夠重新高舉政治自治的理想？如果可以，這一理想應以何種政治共同體作為舞台，又應由何種主體來承擔？在資本主義全球化主導的世界中，我們能否想像並構建出一個與市場不同的政治共同體？如果說，頌揚資本主義與自由民主的結合並不是「世界哲學」的課題，那麼在十九、二十世紀革命運動退潮之後，我們或許應該重新提出這個問題。「從啟蒙到革命」的法國政治思想，憑藉其對普遍性的要求和指向自身理想極限的勇氣，至今仍為我們提供了許多啟示與教誨。

延伸閱讀

黑格爾（G. W. F. Hegel），長谷川宏譯，《精神現象學》（作品社，一九九八年）——「D精神」以西歐政治史為基礎，描述了意識經驗的深化與擴張的過程，在其後半則生動地描繪了啟蒙運動到恐怖統治的辯證法轉換。

卡爾．施密特（Carl Schmitt），田中浩、原田武雄譯，《獨裁》（*Dictatorship*，未來社，一九九一年）——從十八世紀法國政治思想到二十世紀的布爾什維克與納粹，說明民主與獨裁之間密不可分的關係，以及。

安東尼奧．奈格里，齊藤悅則、杉村昌昭譯，《結構的權力》（松籟社，一九九九年）——自馬基維利開始的以「革命為中心」的政治思想史，歷經近世的英國、美國和法國，直到二十世紀俄羅斯。

富永茂樹編，《啟蒙的命運》（名古屋大學出版會，二〇一一年）——京都大學人文科學研究所的共同研究成果論文集。聚焦於「從啟蒙到革命」的法國政治思想史，並驗證了啟蒙運動至今的思想遺產。

專欄四
世界公民的思想　三谷尚澄

「我是世界公民」——據說這句話來自古希臘錫諾普的哲學家第歐根尼（Diogenes of Sinope），象徵「世界公民思想」的起源。

回顧歷史，對於世界公民思想的傳統批判主要集中在以下幾點。從「世界公民主義」的立場來看，雖然要求我們遵循超越單一國家的「唯一正確國家」的法律，但並不存在一個能夠涵蓋所有國家、既普遍又抽象的「世界國家」。由於成為「公民」是透過加入特定國家來實現的，那麼成為「世界公民」是否意味著人們沒有歸屬的國家，只是無根的漂泊者呢？

對於這些批判，現代哲學家瑪莎・納思邦（Martha Craven Nussbaum）在捍衛世界公民權時提到了斯多葛學派的哲學家，並提出以下觀點。所謂身為世界公民，就是在以自己、家庭、社區、城市和國家等同心圓的順序向外延伸的過程中，認同整體人類的一種態度。這種態度本身並不與傳統的共同體或國家的在地歸屬相矛盾〔《愛國主義與世界主義》（*Patriotism and Cosmopolitanism*）〕。

無庸置疑，「世界公民」理念的影響力前所未有，要求所有人類都應受到平等的道德考量，無論「出生於何處的偶然」。舉例來說，代表「世界公民觀點的哲學」的康德認為，基於「所有人共享地球表面」的原則，「從根本上來說，沒有人比其他人更有權利待在地球上的某個地方」，因此所有人類都應該被賦予「訪問世界上所有國家的權利」。然而，當今有人高聲呼喊「我國優先」的原則，並宣揚「與外國人友好相處」的理念，康德又會如何看待目前邊境阻止移民自由流動的局面呢？（《永久和平論》）

此外，對於跨越國境的疫病、受氣候變遷影響的「未來世界公民」，以及生活在外星球或殖民地的「太空時代公民」等話題，「擴展的世界公民思想」無疑提供了有益的視角。始於西元前四世紀的希臘世界公民思想，不僅至今仍然活躍，而且蘊含著應該傳承至未來的思想寶藏。我認為這樣的結論是合理的。

CHAPTER

five

第五章 啟蒙與宗教

山口雅廣

啟蒙と宗教

一、牛頓的自然神學

啟蒙思想與牛頓的自然神學

「啟蒙運動」是十八世紀以英國、法國和德國為中心，在西歐興起的一場思想運動。雖然各位啟蒙思想家之間在思想上存在相當明確的差異，但總的來說，他們共同的顯著特徵是對人類進步的期望，以及對理性和經驗的深厚信任。

在被視為啟蒙思想集大成的《百科全書》中，有一段重要的開頭敘述，清晰地展現了啟蒙思想家的特徵。

> 所謂的折衷主義者，就是摒棄如偏見、傳統、舊習、常識、權威等束縛人類思想的東西，敢於獨立思考，敢於回到最淺顯易懂的一般原則，並且敢於討論的一群人。（大友浩譯，《狄德羅著作集2》，法政大學出版局）

然而，培養出上述批判精神並對啟蒙思想的興起做出最大貢獻的，是活躍於西歐十七世紀的自然哲學家們，他們引發了「科學革命」。其中最具代表性的人物是艾薩克・牛頓。牛頓試圖用數學來闡明自然現象，並參考其他自然哲學家的研究成果，基於理性、實驗和觀察，取得了多項重大的發現，這些發現有助於構建一個古代和中世紀所未曾見過的全新世界觀。

首先，在力學領域，牛頓成功地證明了不僅地面物體的運動，連天體的運動也可以用慣性定律等三大運動定律以及萬有引力定律來理解。不僅如此，在數學領域，儘管牛頓與萊布尼茲之間存在關於優先權的競爭，但他仍獨自確立了根據上述定律進行計算所需的微積分。第三，在光學領域，牛頓實際證明了太陽光（白光）實際上是七色光的混合物，兩端分別為紅色和紫色，並且這些不同顏色的光具有各自固定的折射率。

如上所述，牛頓的自然哲學揭示了發展文明的真確知識，以及達成這些知識的關鍵。他的哲學被啟蒙運動的主要思想家伏爾泰譽為「一大傑作」（中川信譯，《哲學書簡哲學辭典》），並對許多法國啟蒙思想家產生了深遠的影響。

牛頓與自然神學

然而，我們必須注意的是，牛頓個人的推測並不像今天人們普遍認為的那樣世俗或缺乏宗教色彩。相反，他的思想可說是具有宗教性和神祕色彩的。就個人而言，牛頓對古代和中世紀的煉金術以及基督教聖經中的預言抱有濃厚的興趣，並熱中於研究這兩者。

煉金師的各種著作常使用象徵或比喻來記載，因此難以確定其具體含義。然而，從牛頓的理解來看，煉金術中將普通金屬轉化為貴金屬的過程，以及礦物像植物一樣吸取精氣而成長的過程，可以被視為揭示自然界其他祕密的象徵。同樣，主要出現在《但以理書》和《啟示錄》中、大量使用表象與象徵的內容也確實難以理解。不過，牛頓認為這些內容可以解釋為對未來事件的預言，例如將來實現的最後審判，以及已經成為現實的歷史進程。

綜上所述，牛頓的思想既包含與啟蒙思想相關的面向，也有無法簡單歸納為啟蒙思想的宗教性和神祕性面向。在本章以「啟蒙與宗教」為主題的討論中，為了加深對其思想的理解，我們將重點放在這兩個面向上。具體而言，我們將聚焦於牛頓的兩部主要著作《自然哲學的數學原理》〔簡稱「原理」（*Principia*），一六八七年〕及《光學》（*Opticks*）中的「自然神學」，探討這些著作中隱含的宗教和神學特徵，而這些特徵促進了啟蒙思想的興起。

自然神學的思想可以追溯到古希臘的傳統，其基本理念如下：人類並非直接依賴神的啟示，而是透過自身的自然理性來獲得對神的知識。實際上，當我們關注自然界，並理性地觀察和反思其狀態時，就會發現自然界在多個層面上展現出人類無法達到的驚人秩序，這就是所謂的計畫性。天體的規則運行和季節的週期變化便是這一理念的典型例子。人類從這一驚豔的自然體驗出發，理性地探索世界的設計者，最終會理解超越人類智慧的設計者——即神的存在，以及祂的屬性和能力。其中，引導我們理解神存在的推論被稱為「設計論證」（argument from design），或是「目的論證」（teleological argument）。

順帶一提，牛頓本身也遵循上述觀點，肯定了神的存在。在《自然哲學的數學原理》中，他表示：「這個由太陽、行星與彗星所構成的壯麗體系，若非經由一個智慧且強大的存在的計畫與主宰，是不可能誕生的」（河邊六男譯，《世界名著26牛頓》，中央公論社，部分改寫）。

當然，牛頓所承認的這位既聰明又強大的神，不僅是力學所有法則的制定者，這一點在古代和中世紀的自然神學中是沒有的。因此，儘管牛頓的思想融入了對自然界的全新見解，但基本上仍與傳統的自然神學保持一致性。

與理神論的距離

在此出現了一個問題，上述的自然神學與十七世紀在英國出現的思想型態——「理神論」之間存在理論上的親近性。那麼，剛剛被確認具有前述特質的牛頓思想，是否在時代和地區上與理神論有關聯呢？

在各種宗教的命題中，理神論認為，只有在自然理性所認可的範圍內的命題才是真理。因此，對於理神論者來說，基督教教義中如三位一體等只能透過啟示才能知曉的內容之所以不被接受，是因為這些內容超越了傳統的自然理性。然而，只要神是唯一的，那麼作為世界創造者的神之存在，便是基於合理性和自然性等各種依據的真理。

另外，牛頓可以依循上述理神論的概念，理性地贊同肯定神存在的命題。此外，牛頓還與理神論者一起，根據「機械論哲學」來理解自然界，而機械論哲學在科學革命之後成為主流的自然哲學，牛頓的各種命題亦源於此。在機械論哲學中，自然界的所有物體都是由無數具有不同性質（如形狀和大小）的微粒組成，其運動受到自然規律的支配，這些自然規律可以用數學公式來表示。換句話說，整個大自然就像一台大型機器，具備非常精密的構造，並遵循自然法則運作。此外，牛頓和理神論者一樣，私底下並不相信三位一體。因此，乍看之下，牛頓的思想似乎在很大程度上偏向理神論。

但這並不意味著我們可以稱牛頓為理神論者。首先，他的思想與理神論存在根本性的不同，因為他清楚地贊同並遵循著超越理性的存在。實際上，只需回顧前面的內容，就能發現牛頓對基督教末日論的堅定立場，以及他深信最後的審判和死者的復活。

其次，牛頓試圖承認被機械論哲學嚴格排除的「四因說」（Four Causes）[1]，而理神論雖然遵循「四因說」，但對其依賴程度較小。在牛頓看來，即使人們知道機械錶是由彈簧和無數齒輪複雜且精細地組裝而成，並且能夠維持規律的運作，這仍無法完全解釋為什麼它能準確報時。同樣，自然現象中也存在一些無法用機械論的原理充分解釋的方面。若要解釋這些部分，

1 譯註：四因說是古希臘哲學家亞里斯多德提出的一種解釋事物存在和變化的理論，包括四個方面：質料因（構成事物的材料）、形式因（事物的形狀或設計）、動力因（造成變化的力量或原因）和目的因（事物存在的目的）。這一理論提供了一個全面理解事物的框架，幫助分析現象時考慮不同因素，深入探討事物的本質和存在理由。

就需要依賴四因說這種非機械論的原理來支撐。當然，即使在當前的情況下，神也在世界的深處以四因說的設定者身分發揮作用。牛頓在《光學》中提到了這一點。

自然哲學的主要任務是毫不捏造假說，從現象出發，根據各種結果推導出原因，最終得出非機械的第一原因。這不僅僅是為了解釋世界的運作機制，更主要是為了解決以下疑問：（中略）究竟是什麼使得「自然所做的一切毫無浪費」？是什麼造就了世界的秩序與美麗？彗星存在的目的又是什麼？（中略）動物的身體是如何被精心設計的？各個部分的目的又是什麼？

（島尾永康譯，岩波文庫，部分改寫）

牛頓之所以如此認真研究煉金術，除了為了探求天體運動和動物身體功能的「存在原因」與四因說的關聯性外，還是為了尋找自然所必需的非機械論原理。

二、牛頓與萊布尼茲

自然神學與啟蒙思想

在上一節中，我們介紹了作為啟蒙運動之父的牛頓，並重點探討了他的自然神學思想。重新闡釋這一觀點，對於更廣泛地思考「啟蒙與宗教」主題具有重要意義。

啟蒙思想以理性與經驗為基礎，因此從這一立場來看，類似基督教這種依賴神之啟示的宗教，或許可以被視為必須被擊潰的敵人。實際上，基督教及其源頭猶太教都受到伏爾泰的強烈批判。

然而，啟蒙思想家並非對宗教和信仰都持敵對態度，也並不強烈主張廢除它們。啟蒙思想的出現反而使我們意識到理性與信仰之間存在尖銳的緊張關係，並開啟了一條將兩者架起橋梁的新哲學探索之路。牛頓的思想既包含啟蒙思想的側面，又具有無法簡單歸納的另一面，因此可能成為這一探索的適當出發點。

這並非我們再次談論牛頓自然神學的唯一理由。在哲學討論中，自然神學通常很少被正面提出。然而，事實上，啟蒙時代的主要哲學家們都意識到這一神學的重要性，並將其視為一個重要的思想課題。這裡提到的哲學家包括萊布尼茲、休謨和康德。

在哲學史的脈絡中，這三位哲學家的立場通常分別被歸納為理性論、經驗論以及先驗唯心論（transcendental idealism）。現代哲學的核心關注在於人們如何獲得關於世界的客觀且確實的知識，這構成了知識論的背景。儘管如此，我們仍然可以用不同於此知識論的方式來描繪他們各自哲學立場之間的關係。其中一種值得嘗試的方法是比較他們對自然神學的態度。

接下來，我們將首先確認牛頓與萊布尼茲在神的概念上所存在的理論衝突。然後，我想說明自然神學不僅在他們兩人之間引發了強烈的問題意識，在休謨與康德之間同樣如此。

牛頓對唯意志論之神的理解

我們已在前文提到，牛頓與萊布尼茲因彼此爭奪誰先發現微積分法而導致關係惡化。當英國皇太子妃[2]將批評牛頓自然神學中神的概念的信件交給牛頓的好友薩謬爾·克拉克（Samuel Clarke）過目時，克拉克立即化身為牛頓理論的辯護者，並透過書信反駁萊布尼茲（一七一五年）。因此，克拉克與萊布尼茲之間的通信展開，直至萊布尼茲過世為止，他們對神概念的論戰從未停止。

牛頓一派與萊布尼茲一派之間的對立，大致可以理解為關於神的「唯意志論」（voluntarism）與「智識主義」（intellectualism）的對立。用比較通俗的說法，可以視為「工作日的神」與「安息日的神」的對比。牛頓一派的觀點強調，當創世後的世界出現一些無法忽視的不和諧時，神可以按照其意志改造（Reform）世界的體系。然而，萊布尼茲一派則完全無法接受這一論點，因為他們認為神在創造世界時，已經充分預見了未來，並確保不會出現不協調的情況。接下來，讓我們更詳細地探討雙方在理論上的對立。

牛頓在《光學》中提出了上述的「改良說」（以下引自田中一郎譯，《科學的名著6牛頓》，朝日出版社，部分內容已改寫）。在闡述這一學說時，他探討了物體運動中的衰減問題，以及行星運動中的不規則性問題。

首先，關於物體運動，一般認為一旦物體開始運動後，會經常出現衰減的趨勢。這種衰減的原因主要在於流體的黏性和粒子間的摩擦。因此，為了維持運動狀態，物體需要「透過主動原理來保存並補充運動」，而非單靠物體內在的固有原因。

同樣地，行星的運動也會出現輕微的不規則現象，並且這種現象還有增加的趨勢。不規則的原因主要可歸咎於彗星與行星之間的相互作用。因此，為了維持行星系統的規律性，就需要對其加以「改良」。

牛頓不僅如上文指出物體和行星運動所存在的問題，他還主張最終的解答在於神對運動的維護和補充，以及對行星系統的改良，如下：

> 一個強大、永生的主動者（中略）無處不在，比起我們透過自己的意志來活動自己身體的部位，他更可用自身的意志移動其巨大、無邊無際的感覺器官內部的各個物體，並藉此塑造和

2　譯註：這裡的皇太子妃是指登基成為女王之前的安妮．斯圖亞特（Anne Stuart, 1665-1714）。她在一七〇二年至一七一四年間統治英國，期間積極支持科學和文化，促進了牛頓的自然哲學。安妮在牛頓與萊布尼茲之間的爭執中扮演了關鍵角色，因為她將萊布尼茲批評牛頓的信轉交給牛頓的朋友薩謬爾．克拉克，這引發了克拉克作為牛頓的辯護者與萊布尼茲之間的論戰，持續至萊布尼茲去世。

改善宇宙的一部分。

對牛頓而言，宇宙猶如神的感覺器官，透過將各種物體包裹在其內部的空間中，連結神與各種物體。因此，牛頓所謂的神在世上無所不在，他透過制定自然法則與訂定目的來協調世界，並有意識地維持世界的秩序。

萊布尼茲對智識主義之神的理解

另一方面，萊布尼茲之所以將神理解為「智識主義的神」，是因為其獨特的形上學之故。實際上他在形上學著作《單子論》（*La Monadologie*, 1714）中闡述神創造世界的理論時，十分重視神的知性所扮演的角色，其基本內容可總結如下。

在創造世界之前，神在自身的智慧中已經擁有無數「可能世界」（possible world）的概念，這些世界是由各種可能存在的事物組合而成。每一個可能世界都有權利要求在現實中存在，而這種權利的強度取決於該世界所包含的完整性程度。一旦神確定哪一個可能的世界最有資格成為真實存在，他便會選擇該世界作為最佳世界，並將其轉化為「現實世界」。

如上所述，「最佳選擇的原理」是萊布尼茲所認可的形上學原理，它解釋了世界與神之間的關係。萊布尼茲認為，在這個最佳世界裡，自然現象可以透過各種力學的定律以機械論的方式理解，但也可以使用四因說，以目的論的角度來描述。他試圖將機械論哲學與目的論整合，以闡明我們實際生活中世界的樣貌。在萊布尼茲的著作《形上學論》（*Discours de métaphysique*, 1686）中，他提到基於目的論的綜合嘗試：「既然神總是以最佳、最完整為目標，那麼一切現實存在的原理及自然法則的原理，必須以四因說為基礎」（清水富雄、飯塚勝久譯，中公classics）。

正如我們在牛頓的思想中所見，他並不僅僅滿足於用機械論解釋自然現象，而是試圖引入四因說作為進一步的解釋原理。因此，在對世界的理解上，牛頓與萊布尼茲之間至少在目標上是一致的。

但無庸置疑的是，萊布尼茲所提到的神，在某種意義上與牛頓所描述的強大且永恆的主動者相對立，因為對於後者必須施加相當大的限制，才能理解萊布尼茲所謂的神。

如前所述，萊布尼茲認為神在創造世界之前，其知性中就存在著無數的可能世界，而且各個世界的完整度皆不相同。在比較這些完整度的高低時，基準是每個可能世界所擁有的現象多樣性以及產生這些多樣性的方法的簡單性。在所有可能的世界中，最完整的可能世界是指在現象上展現出最大多樣變化的同時，這些豐富的變化是透過最簡單的方法產生的，並考慮到某種程度的經濟性。至於哪一個可能世界的完整度最高，則是由神的知性在創造世界之前事先計算、比較並決定的。

因此，在創造世界的過程中，神幾乎沒有選擇的餘地。雖然神可以選擇讓某個世界存在於現實中，但其選擇恰好延伸至此一點。如果神實際上選擇了讓這個世界存在，那麼這個世界便會立即以最佳世界的姿態呈現。這種對於最善的看法，正是萊布尼茲在《萊布尼茲的第一封信》中，嚴厲批評牛頓的自然神學中所包含的「改良說」的原因，其內容如下：

牛頓及其追隨者對於神的作品持有截然不同的觀點。他們認為，神時常需要為自己的時鐘上發條，否則時鐘便會停下來。這意味著，神缺乏足夠的遠見，無法讓時鐘永久運行。由於神所創造的這個機械如此不完美，以至於祂必須頻繁地以非比尋常的方式來照料和修理它。越是需要經常改裝和修理自己所製造的機械，就越顯示出這位工匠的拙劣。（米山優、佐佐木能章譯，《萊布尼茲著作集第I期9》，工作舍）

三、休謨與康德

自然神學的挑戰

由上述可知，萊布尼茲與牛頓所提出的神的概念截然不同。然而，我們可以確認的是，萊布尼茲在某種意義上也與牛頓相似，擁有自然神學的觀念，並肯定其計畫性的論證。也就是說，他們都認為我們所生活的自然世界之所以如此井然有序，是因為這個世界是由一位非常卓越的設計者——神——所創造的。然而，與牛頓相比，萊布尼茲在探究自然界以接近神的自然神學動機上較弱。另一方面，必須指出的是，他對理神論的動機日益增強，不僅試圖將啟示從基督教中剝離，還希望讓這一宗教完全建立在自然理性的基礎上。

隨著十八世紀西歐的進展，特別是在英國、德國和法國的中心地帶，這種動機的轉變愈加明顯，甚至發展出一種完全不保留傳統神概念的機械論式唯物論。

自然神學的思想，可以說已經受到牛頓與萊布尼茲這兩位天才某種形式的肯定，因此自然神學不應被後世的啟蒙時代哲學家忽略或批評。相反地，他們更將自然神學視為一個需要研究其理論適當性的課題。休謨與康德，作為十八世紀啟蒙運動的主要思想家，對自然神學所採取的態度正是如此。

休謨在哲學史上最著名的論述是對因果關係的詳細研究。他闡明因果關係僅是從印象與習慣中衍生而來的主觀信念，而非事件本身固有的客觀事實。這一批判性闡述威脅到牛頓以自然法則為客觀事實的自然哲學基礎，並導致將神視為自然法則設定者的自然神學概念失效，徹底打擊了傳統神學和形上學的思想。

此外，康德也接受了休謨對因果性的批判，這一批判危及了以萊布尼茲為先驅之一的傳統形上學的基礎。為了回應這一批判，他重新思考形上學，最終表明了反形上學的立場，這成為相當有名的軼事。形上學以靈魂、世界和神的概念為主題，並對這些概念提出各種定義。然而，康德認為，這些宣稱的內容，包括以自然神學方式證明的神的存在，皆無法再被視為真實的知識。結果是，他所主張的命題的對立面也以相同的根據成立，這就是所謂的「二律背反」（antinomy）。

休謨與康德各自對上述批判性討論提出了詳細的闡述，但現在我們無法對其深入分析。此外，在他們的論點中，我們都能窺見某種歧異或不確定性。最後，我們將討論這一點。我們想指出的是，牛頓所承認的自然神學，可能帶來了比今日人們普遍所認為更深遠的影響。休謨與康德從未打算以理性來推翻宗教的迷信。相反地，他們心中充滿不安，一方面擔心理性會將所有事物推入懷疑的虛無，另一方面，即使在自然神學領域，他們也運用理性的力量，真誠地試圖確認理性的限度。我們先從休謨開始。

休謨的自然神學批判

西歐十八世紀的啟蒙思想家從多個角度批判基督教，而休謨的批判也同樣涵蓋了多方面的內容。

首先，在《宗教自然史》（*The Natural History of Religion*, 1757）中，休謨試圖展示一神教的狹隘

與迫害，與多神教的寬容形成鮮明對比。其次，他在《論奇蹟》（*Of Miracles*, 1748）中探討了有關奇蹟發生的證言可信度。第三，在《自然宗教對話錄》（*Dialogues Concerning Natural Religion*, 1779）中，他主要討論了前述神存在證明中設計論證的妥當性（以下簡稱《對話錄》，引用自岩波文庫，犬塚元譯）。那麼，對於自然神學，即書名中所提到的「自然宗教」的基本概念，休謨究竟指出了哪些問題呢？

《對話錄》如其書名所示，是以對話形式呈現的著作，對話者有三位。首先是支持基於經驗的設計論證的克雷安提斯；其次是主張不依賴經驗的另一種神存在證明的德梅亞；最後是對前面兩者提出批評的懷疑論者費羅。

在《對話錄》中，德梅亞所主張的神存在證明鮮少被深入探討，對其妥當性的評價也相對較低。德梅亞認為「所有存在的事物都應有其存在的原因和理由，任何事物絕對無法自我產生或作為自身存在的原因。」因此，若追溯因果關係的鏈條，就會發現一位不依賴外在原因的「必然存在者」——即神。然而，德梅亞的這一論證立刻遭到了克雷安提斯的反駁，並被費羅排斥。理由是「企圖用某種先驗的（即不依賴經驗的）論證來證明事實問題，顯然是不合理的。」

《對話錄》中許多討論集中於克雷安提斯所主張的設計論證，而費羅和德梅亞則擔任批判者。然而，在此我們將重點放在費羅與克雷安提斯之間的對話，並提出幾個重要的論點，以組織談話的來龍去脈。

首先，克雷安提斯基於經驗，將宇宙視為一個巨大的機械，並將其與人類設計和製造的機械進行「類比」（analogy），試圖證明人類的知性類似於神——這位設計宇宙的設計者。然而，費羅對此提出批評，他認為這一推論並未遵循基於類比的推論原則。為了使這一推論成立，類比的案例必須彼此精確相似。但在這裡，整個宇宙與普通人工機械之間的差異極大，因此這一證明無效。

克雷安提斯隨後再次反駁，他這次不以類比的推論規則為前提，而是透過「不規則的論證」試圖驗證宇宙源自於神的計畫。費羅雖然顯得「有些困惑和混亂」，但並未對此主張提出進一步的反駁意見。

之後，費羅從另一個角度重新批判了設計論證。他提出了幾種與該論證相同程度蓋然性，但不同於此論證的其他多種替代方案，來解釋宇宙的誕生。換句話說，根據費羅的觀點，克雷安提斯的主張缺乏足夠的依據，無法被認定為唯一的真理。因此，費羅表示：「在此我們只剩下唯一合理的選擇，那就是完全停止判斷。」並宣稱自己的勝利。

從表面上看，在《對話錄》中，費羅的懷疑論似乎占據了壓倒性的優勢，但該書並未因他的單方面勝利而結束。

首先，隨著《對話錄》逐漸接近尾聲，費羅的論述越來越像是對克雷安提斯的讓步。實際上，費羅在最後幾乎像是改變了主意，接受了計畫性的論證，並表示：「宇宙秩序的起因（或多重起因）很可能與人類的知性存在某種遙遠的相似性。」

其次，在《對話錄》的結尾，潘菲爾斯見證了三人的對話，並將其全部記錄下來，做出了以下評價：「老實說，從整體上認真審視，費羅的原理比德梅亞的原理更具可能性，但克雷安提斯的原理更接近真理——我不得不同意這一點。」換句話說，《對話錄》的最終結論是，無論是誰的主張都無法被視為絕對的真理。然而，相較於其他人的主張，基於經驗的自然神學觀點被認為是更確切的真理。

如果潘菲爾斯的這個判斷代表了休謨對自然神學的看法，那麼可以說他對設計論證的評價必然存在某種程度的歧異。儘管休謨全面相信懷疑論的論證力量，但在較保守的意義上，他對設計論證仍然保留了一些空間。

康德的自然神學批判

接下來談論康德。如前所述，他對休謨在因果關係問題上的批判成為重新思考傳統形上學的契機，並使他轉向反形上學的立場。《純粹理性批判》（*Kritik der reinen Vernunft*, 1781）正是康德基於此批判性考究而成的著作（以下引用自筑摩書房出版，石川文康譯本）。事實上，書名中所稱的「純粹」理性，指的是獨立於一切經驗的能力，能夠認識靈魂、世界、神等形上學的實際存在。

康德並不僅僅是試圖否定形上學，而是旨在重建形上學。他的最終目標是將形上學重建為道德的世界觀。康德曾說過：「為了能有相信的餘地，我必須放棄知道。」這句話清楚地顯示出他對形上學的重新詮釋。關於神是否存在、靈魂是否不滅等形上學問題，他主張應該放棄以往透過理論學術知識來獲得答案的方式。然而，康德認為，這樣做反而會開啟一條不同的道路，透過嶄新的道德信仰來肯定關於神存在或靈魂不滅的形上學命題。

如上所述，康德並未止步於休謨的懷疑論立場，而是繼續重構形上學。筆者在此想探討的是，他在批判傳統形上學時，試圖以自然神學的方式證明神存在的部分。對於這類證明神存在的論點，康德的反對觀點似乎比休謨更具一貫的批判性。然而，問題在於康德的論證是否真正揭示了這些證明的關鍵弱點。我們將最終聚焦於這一部分。

經過整理後，康德認為以往的神存在證明僅可分為三種類型，他逐一批判，並證明每一種神存在的證明都不成立。

康德首先考量的是「本體論論證」（Ontological argument）。在哲學史上，笛卡兒對闡明神存在的證明作出了重大的貢獻。他認為：「神的概念所代表的『至高無上的完美存在』之本性，與『存在』本身密不可分，因此神存在」（小林道夫，《笛卡兒入門》，筑摩新書）。康德對本體論論證提出如下說明：「無視所有經驗，先驗地從〔神是最真實的存在〕這一單純的概念中，推論出最佳原因的實際存在。」

但在康德看來，本體論論證是無效的。這裡存在一個決定性的問題：某樣事物的概念與該事物的實際存在是完全不同的。舉例來說，三角形的概念與其內角之和等於兩個直角的事實密不可分，但上述定義的三角形概念並不等同於三角形的實際存在。因此，無法從神的概念得出神的實際存在。

康德研究的第二種證明是「宇宙論論證」（Cosmological argument）。這種類型的神存在證明與本體論論證的不同之處在於，它從某個偶然且真實存在的不特定經驗事實出發，回溯其因果順序，推論出一個「絕對且必然的存在者」的實際存在。進一步推論可見，這個必然的存在者就是「最實際存在者」——也就是神，因此神存在。

但康德認為，上述的宇宙論論證也是不成立的。事實上，即便我們認同前半段的推理，後半段的推論仍與本體論論證相同，不當地混淆了概念與現實。

康德在以上述兩種證明的相關討論為前提後，最後提出的批判是「自然神學論證」。這第三種論證與我們先前介紹的設計論證相對應。與其他兩種論證不同的是，自然神學論證從某些經驗事實出發，觀察現存世界的多樣性與秩序，以及事物各自形成符合目的的樣貌，推導出「一個崇高且賢明的原因」——也就是神的存在。

但在康德看來，以上的自然神學論證也不可能成立。若自然神學論證要證明神存在，就必須透過宇宙論論證來補充。然而，宇宙論論證本身與本體論論證存在根本上的相同問題。

為什麼康德認為自然神學論證需要宇宙論論證呢？因為單從自然神學論證只能推論出「世界建築師」，而無法推論出「世界創造者」。自然神學的論證或許可以證明建築師的存在，他按照目的使用世界上的所有事物，並將世界安排為某種形式，但卻無法證明有一個創造者存在，足以創造世界中的所有事物。要證明創造者的存在，就必須放棄自然神學論證，並如宇宙論論證般，將世界的形式與物質視為偶然的存在，並由此推導出神的存在是造成這一切的原因。

康德對自然神學論證的批判如上所述，的確有其道理。然而，仍然存在一個問題，即這些批判似乎不總是切中要點。設計論證的目標是要證明創造者——神的存在，但正如康德所認為的，這一論證並不那麼明確。

設計論證是一種證明神存在的論證，它依賴於經驗，從世界中令人驚奇的秩序出發。在此，自然世界的存在被視為基本前提，而世界空無一物、從無到有的可能性並未被積極提出。若以可經驗的自然界存在為基本前提，並試圖肯定神從無到有創造萬物的超自然作為，就需要提出超越自然內在秩序、如奇蹟般的超自然現象。然而，設計論證本身就反對這些看似奇蹟的秩序侵害。這並不是說我們要討論一種能夠無中生有或使秩序遭到破壞的超自然力量。

設計論證所要證明的，並不是在絕對意義上的創造者作為神，而是作為世界卓越設計者的神。透過將眼前廣闊的宏偉世界與家屋、機械等平凡的人工物進行類比，他試圖證明，信仰作為設計者的神的存在絕非不合理。這一思想當然也體現在休謨最終試圖認可的克雷安提斯的主張中，以及康德對自然神學論證的嚴厲批判。因此，儘管康德對自然神學論證的批判是建立在堅實的邏輯之上，但這種類型的證明所推論的神的特性，並不一定能被精確地捉住，這依然是個問題。如果情況確實如此，那麼他的批判可說是完全沒有決定性的。

延伸閱讀

蘆名定道，《自然神學再考：近代世界與基督教》（晃洋書房，二〇〇七年）——關於牛頓的自然哲學與自然神學，可參考其第二部第三章〈近代基督教世界與牛頓——牛頓神學與其影響〉中的歷史研究。

伊藤邦武，《偶然的宇宙》（岩波書店，二〇〇二年）——關於休謨的《自然宗教對話錄》，可參考其第一部第三章〈宇宙的協調與神的設計〉中詳細的分析。

酒井潔、佐佐木能章編，《給學習萊布尼茲的人》（世界思想社，二〇〇九年）／酒井潔、佐佐木能章、長綱啟典編，《萊布尼茲讀本》（法政大學出版局，二〇一二年）——關於萊布尼茲的形上學，可參考前者第一部第四章酒井潔的〈存在與理由的狹縫中〉。關於萊布尼茲與牛頓思想上的關係，可參考後者第二部松山壽一的〈牛頓與萊布尼茲〉。

野田又夫，《西洋近世的思想家》（岩波書店，一九七四年）——關於包含《純粹理性批判》在內的康德哲學整體的歷史解釋，可參考第一部之四的〈康德的生涯與思想〉。

CHAPTER

SIX

第六章

殖民地獨立思想

西川秀和

植民地独立思想

一、十八世紀美國對啟蒙主義的接納

誕生於後進地區的先進《獨立宣言》

我們認為以下這些真理是不言自明的：人人生而平等，造物者賦予他們若干不可剝奪的權利，其中包括生命權、自由權以及追求幸福的權利。為了保障這些權利，人們才建立政府，而政府的合法權力來自被治理者的同意。

這是美國《獨立宣言》中最著名的一段，也是最能體現殖民地獨立思想的文字。起草者湯瑪斯・傑佛遜（Thomas Jefferson）在撰寫該段文字時的想法，根據他自己的說法，不僅僅是要為獨立辯護，還是為了呈現當時美國人的「常識」（common sense）。

此外，除了傑佛遜，還有四人參與了獨立宣言的起草工作，其中之一是班傑明・富蘭克林（Benjamin Franklin）。不過，富蘭克林僅對傑佛遜撰寫的草稿作了些微修改。

這段文字最引人注目的是「人人」一詞，表明自然權利與人民主權不僅針對美洲這片土地上的居民，而是作為全人類的普遍原則而提出的。傑佛遜認為，這是他融合了亞里斯多德、西塞羅、洛克、阿爾傑農・西德尼（Algernon Sidney, 1622-1683）等思想家理念所寫的「美國精神的表述」。

普世原則的提出，使美國的獨立運動從母國與殖民地之間單純的對抗，昇華為追求人類權利的戰鬥，這同時也是一場將啟蒙主義理念付諸實踐的革命。如果《獨立宣言》僅僅是一份主張獨立的政治文件，它不可能在全世界擁有如此舉足輕重的地位。這份文件本來只需闡述獨立的正當性理由即可，但更為重要的是，文件中納入了自然權利與人民主權等普世原則。

然而，從世界哲學史的整體趨勢來看，提倡這類普世性原則所面臨的挑戰是多方面的。當然，有人會批判所謂的「普世性」其實是以歐美為中心的觀點。然而，《獨立宣言》的核心理念是一種樂觀主義，無視這些批判，反而堅信所有人都能理解並接受這些共通的理念。

儘管有如此的樂觀主義，但在當時美國提倡普世性原則這件事，仍然讓人感到十分驚訝。十八世紀時，對歐洲而言，美國是一個非常偏遠的地區。從母國英國到美國，必須橫跨大西洋，至少需要兩個星期的航行時間。據說英國本土有人對於美國居民與自己使用相同的語言感到非常驚訝。

事實上，當時的美國與歐洲相比，確實是一個文化相對落後的「後進地區」。在富蘭克林與傑佛遜之前，美國幾乎沒有任何能在國際舞台上嶄露頭角的作家。

在這樣一個相對落後的地區發表如此先進的文件，的確是引人注目的現象。儘管美國人承認自身的文化相對落後，但他們仍然堅信自己是擺脫歐洲舊有弊病的特殊存在。換言之，美國

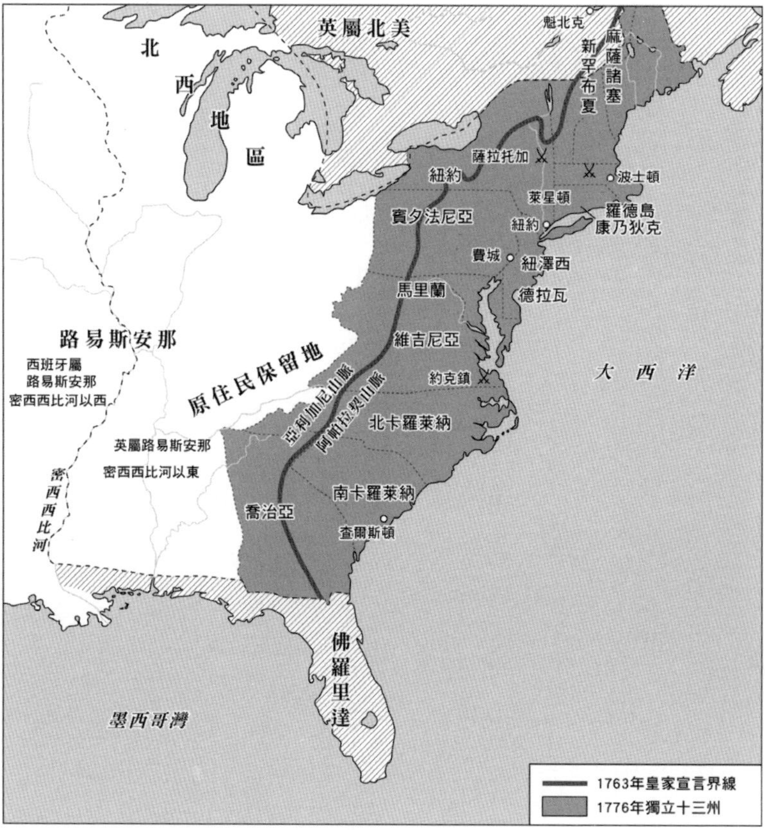
英屬北美
魁北克
北西地區
麻薩諸塞
新罕布夏
薩拉托加
紐約
波士頓
萊星頓
羅德島
康乃狄克
賓夕法尼亞
紐約
費城
紐澤西
馬里蘭
德拉瓦
維吉尼亞
路易斯安那
西班牙屬
路易斯安那
密西西比河以西
原住民保留地
亞利加尼山脈
阿帕拉契山脈
約克鎮
北卡羅萊納
大西洋
英屬路易斯安那
密西西比河以東
密西西比河
南卡羅萊納
喬治亞
查爾斯頓
佛羅里達
墨西哥灣
1763年皇家宣言界線
1776年獨立十三州

一七七六年美國獨立前夕的十三殖民地

人雖然自認與眾不同，卻同時倡導普世性的原則。

美國的知識分子與歐洲的啟蒙主義

十八世紀的美國知識分子主要透過進口的書籍來了解歐洲的啟蒙運動。對他們而言，啟蒙主義是一種信念，堅信當下比過去更好，未來將比現在更好。這是一種強烈的自我意識表現，將自己所處的時代置於宏大的歷史洪流之中。此外，啟蒙主義也是一種智識態度，試圖擺脫基督教的嚴格教義，透過理性來理解自然與人類。

然而，啟蒙運動只是統稱，其實際發展因國家和地區而有所不同。十八世紀的美國知識分子透過書籍，尤其深受英國和法國啟蒙主義的影響。

首先，對於十八世紀的美國知識分子來說，英國的啟蒙運動屬於強調均衡與秩序的穩健派啟蒙主義。在獨立運動愈演愈烈之前，傑佛遜與富蘭克林對英國的政治制度已有相當的了解。根據他們的觀點，英國的政治制度旨在確保國家各階層之間的良好平衡，從而保障人民的自由。

另一方面，法國的絕對王權與教會嚴格的教條妨礙了社會改革，導致人們對此產生了日益增長的不信任感。然而，法國的知識分子認為，要啟發普通民眾的思想是十分困難的。在這些知識分子中，也有人信奉無神論和極端唯物論。

富蘭克林與傑佛遜都深受英法兩國啟蒙運動的影響。傑佛遜曾將培根、牛頓和洛克稱為啟蒙主義中「最偉大的三位一體」，認為這三人奠定了自然科學與道德哲學的基礎。從文獻記載中也可以看出，傑佛遜熟讀了孟德斯鳩和伏爾泰的著作。

然而，富蘭克林與傑佛遜並非單純接受歐洲的啟蒙主義。他們在吸收歐洲啟蒙思想的同時，也賦予了其獨到的解釋，注入了新的活力。換句話說，英國和法國的啟蒙主義在他們的精神中融合，形成了具有美國特色的啟蒙主義。不僅如此，在美國開花結果的啟蒙運動甚至反向傳播到歐洲，為整個啟蒙運動帶來了全新的可能性。

在此論述中，「殖民地獨立思想」不僅僅涵蓋將獨立合理化的政治理論，更是一個更廣泛的思想潮流。獨立宣言中提出的普世性原則究竟是在何種思想潮流中誕生，以及它對法國大革命產生了哪些影響，將以富蘭克林與傑佛遜的思想為主軸來探討與說明。

二、富蘭克林的實用主義

十三項美德

活躍於美國建國時期的人士被稱為美國開國元勛（Founding Fathers）。每當提到開國元勛，人們總會想到富蘭克林。雖然富蘭克林非常有名，但與其他著名的開國元勛相比，他的成就卻難以用一句話來概括。

儘管如此，為何富蘭克林仍然是如此重要的人物？這與他的生活方式息息相關。《富蘭克林自傳》描繪了他如何從貧窮的工匠家庭中誕生，並透過自我修練努力積累財富的半生故事。從這些經歷中，我們可以看出啟蒙主義對富蘭克林行為的深遠影響。《富蘭克林自傳》中最為人熟知的部分便是「十三項美德」，包括節制、沉默、秩序、決斷、節儉、勤勉、誠實、正義、中庸、整潔、平靜、貞潔和謙遜。

富蘭克林為每項美德都制定了相應的戒律。以節制為例，其戒律是「食不過飽，飲不過量」，這些戒律是具體的行動指導方針。

富蘭克林不僅提倡美德，還設計了實際實行美德的方法。首先，他製作了一張圖表，以確認自己是否遵守了各項美德。比如，如果飲酒過量導致醉倒，就是違背了節制的美德。在這種情況下，他會在圖表上做記號，表示自己未能遵守該美德。此外，他還會每週指定一項應嚴格遵守的美德，並養成檢查美德的習慣，這樣最終表上將不會再有任何標記。到那時，他便能徹底掌握十三項美德（《富蘭克林傳》，頁一三六—一五一）。

對於富蘭克林而言，再崇高的美德如果不加以實踐，便毫無意義。將美德付諸實踐並融入生活，才是他認為真正有價值的事。換句話說，他堅信理性必須與實踐結合。這種信念也體現在他推動自然權利與人民主權的普世原則的獨立運動中，努力將這些原則變為現實。

改革社會

富蘭克林的活動不僅限於個人層面，他還積極推動社會改革。首先，他創立了一個社團，讓成員定期討論倫理、政治和自然科學等議題，其目的在於透過辯論與交流來追求真理（《富蘭克林傳》，頁九八—一一五）。

以此社團活動為基礎，促成了費城圖書館公司（the Library Company of Philadelphia）的成立。該公司由五十名成員組成，起初每人出資四十先令，之後每年繳納十先令，用於充實圖書館的藏書。這座小型圖書館最初設在圖書館員家中的一個房間內，隨著時間逐漸擴大規模。富蘭克林對這座圖書館的意義有過這樣的描述：

> 圖書館將改變美國人民的整體對話，使普通的商人和農民擁有與其他國家紳士相當的知識，並且可能有助於捍衛整個殖民地的權利。

此外，費城圖書館公司的會員還包括女性，這在當時的美國是相當罕見的。而上述社團的成員背景十分多樣化，包括測量師、前製鞋工匠、家具工匠、商人等各行各業的人士。這鮮明地體現了富蘭克林的理念：只要有學習的機會，每個人都能獲得充足的知識。

除了社團和圖書館外，富蘭克林還創立了消防隊。最初，他撰寫了一篇論文，探討火災的成因並提出了預防方案。為了將這些預防措施付諸實行，他便組織了消防隊（《富蘭克林傳》，頁一六七—一六八）。

此外，富蘭克林也是知名的發明家，其中最著名的例子是他發明了高效取暖、節省燃料的火爐。當局曾打算頒發專利給富蘭克林，但他卻拒絕了，因為他認為，與其自己獨占發明，將其推廣至整個社會更符合公共利益（《富蘭克林傳》，頁一八七—一八八）。

這些社會改革背後，體現了富蘭克林對實用性與改進的重視。事實上，「實用」是富蘭克林最喜愛的詞之一。對他而言，理性不僅是用來理解事物的工具，更應被實際運用來改善人類的生活狀況。這種智識態度正是富蘭克林所認定的啟蒙精神。

伏爾泰與富蘭克林的擁抱

《獨立宣言》發表後，富蘭克林前往法國，致力於推動外交，以爭取各國的支持。美國之所以派遣富蘭克林出使，是因為他是將啟蒙主義理念付諸實踐——即獨立運動的代表性人物。在巴黎的法蘭西自然科學院，曾發生一件極具象徵意義的事件：

兩位哲學家似乎不知道群眾期待他們做些什麼，他們只是握住了彼此的手。四周的喧鬧聲中有人喊道：「您們要像法國人一樣擁抱對方才行！」於是在這哲學與喧鬧交織的舞台上，兩位年邁的哲學家彼此擁抱，並親吻了對方的臉頰。喧鬧聲隨即平息下來。「看到梭倫（Solon）和索福克里斯（Sophocles）擁抱，真是感人至深。」[1]這句話很快便傳遍了整個法國，乃至整個歐洲。

這裡提到的「兩位哲學家」指的是伏爾泰與富蘭克林，這對啟蒙主義來說是值得紀念的一天。而這一天的意義究竟是什麼呢？讓我們回顧一下過去來探討。

富蘭克林憑藉自身努力積累了財富，並在早期便決定放棄事業，將餘生奉獻於公共事務與學術研究。對他而言，擔任公職是回饋社會的最佳方式，而學術追求則是為了創造對人類有益的事物。

富蘭克林證明閃電是電力的實驗，讓他的名字廣為世人所知，因為他獨自開始研究，並反覆地嘗試將電力運用在有用的目的上。在研究過程中，富蘭克林不只發現了電力的基本原理，

1 譯註：這裡的「梭倫和索福克里斯的擁抱」是象徵性的比喻，梭倫和索福克里斯都是古希臘人物，前者是著名的立法者和政治家，後者則是偉大的劇作家。這比喻富蘭克林和伏爾泰兩位啟蒙時代偉人如同古代的梭倫和索福克里斯，代表著智慧與文化，他們的擁抱象徵著啟蒙思想的傳播與共鳴。

更透過在風暴中放風箏的實驗，證明了閃電是一種電力現象，最後發明了避雷針。

富蘭克林的發現與發明迅速獲得了如風暴般的讚譽。康德甚至以普羅米修斯偷取火焰賦予人類的神話，稱富蘭克林為「現代的普羅米修斯」。儘管富蘭克林從未受過正規教育，各大學卻爭相授予他名譽學位，英國皇家學會也邀請他成為會員（《班傑明・富蘭克林，成為美國人》，頁七七—八八）。

富蘭克林的發明與發現是一個里程碑，證明了理性是普遍存在的。也就是說，出生並成長於美國邊境的富蘭克林，並未被基督教中「雷電為神之怒」的刻板印象所束縛，而是透過自己的實驗證明了閃電是電力現象。富蘭克林證明了每個人都能具備理性，展現了啟蒙主義適用於全人類的可能性。

從歐洲啟蒙主義的角度來看，富蘭克林的出現無疑是一種福音，因為當時的歐洲啟蒙運動正面臨一個難以解決的問題。這個難題在於，即便成功推翻了阻礙社會改革的舊體制，為啟蒙主義帶來勝利，但這並不保證能改善人類的狀況。反對啟蒙主義的人主張，如果舊有體制崩壞，將會導致社會混亂，甚至讓文明的歐洲倒退至未開化的狀態。

對於信奉啟蒙主義的歐洲知識分子而言，富蘭克林推翻了對啟蒙主義的反駁。來自舊有體制束縛較為寬鬆的後進地區，富蘭克林透過自我研究和學習，成就了連歐洲頂尖科學家也無法企及的偉大科學成就。此外，富蘭克林擁有淵博的學識和深厚的教養，足以與歐洲一流知識分子平起平坐。從這些成就可以看出，富蘭克林的存在顯然是這個難題的解答，證明只要消除舊有體制的障礙，啟蒙主義便能改善社會（《讓世界煥然一新》，頁一八七—一八八）。

伏爾泰與富蘭克林的擁抱，是歐洲啟蒙主義與美國啟蒙主義相輔相成的象徵性事件，進一步加強了人們對理性的信心，認為理性不僅普遍存在，還能改善人類的狀況。富蘭克林作為一個象徵，讓整個歐洲明白，殖民地的獨立理念正是為了促進人類福祉和社會進步。

三、傑佛遜的自由主義

理性與信仰

傑佛遜同樣是美國的開國元勛，但他屬於比富蘭克林更年輕的一代。富蘭克林主要在科學領域成為啟蒙主義的象徵，而傑佛遜則在政治文獻上成為啟蒙思想的化身，並被譽為「革命之筆」。那麼，傑佛遜究竟是在什麼樣的思想背景下，決定將自然權利與人民主權等原則寫入《獨立宣言》的呢？

根據《獨立宣言》，自然權利是由「造物者」賦予人類的。儘管《獨立宣言》本應是一份政治文件，提及「造物者」似乎與其性質不符，但美國作為一個基督教國家，有著基督教的傳統，因此使用「造物者」這一詞並不令人意外。然而，宣言中並沒有將人類描繪為單方面從神那裡被動地接受權利，反而肯定了人類的主動性。這背後隱含著理神論的思考，即相信神的存在，但更強調人類的理性與自主性。

什麼是「理神論」？眾所周知，牛頓和富蘭克林都是理神論者。儘管傑佛遜屢次遭政敵批評為無神論者，但據說他也曾是一位理神論者。一般的理神論主張神是不具有人格的存在。換句話說，因為世界按照神所設定的法則運行，所以不需要一個具有人格的神來介入。

傑佛遜曾說過：「你自己的理性就是神賦予你的引領者。」從這句話中，我們可以看出，傑佛遜認為人類應該依循自身的理性，而非依賴神的啟示或神蹟的指引。這一觀點的核心思想是，人類作為理性的存在，具備理解並遵循神所訂定法則的能力。

此外，傑佛遜深信，為了讓理性發揮正確作用，人類必須從壓迫與迷妄中解放，而《維吉尼亞宗教自由法令》（*Virginia Statute for Religious Freedom*）正是這一信念的體現。傑佛遜將《獨立宣言》與《維吉尼亞宗教自由法令》一同列入他的墓誌銘，足見他對這部法令的重視程度。

《維吉尼亞宗教自由法令》旨在打破公定教會制度（Established church），不再將英國國教視為唯一的公認宗派。對傑佛遜而言，這部法令象徵著「分離教會與國家的一道屏障」。

除了主張政教分離外，《維吉尼亞宗教自由法令》還強調：「全能的神賦予人類精神自由，其至高旨意在於讓人類精神完全擺脫壓迫，保持自由。」這其中包含著一種強烈的期望，即一旦人類的精神從桎梏中解放，就能專注於純粹的智識探究，並藉此改善人類的狀況。正是基於這些期望，該法令在歐洲也被廣泛解讀為傳遞啟蒙主義思想的重要文獻。

道德與情感

從傑佛遜對信仰的見解來看，雖然他似乎將理性視為至上，但實際上並非如此。傑佛遜認為，人類天生具有道德感，並且這種道德感可以像鍛鍊身體一樣加以強化。傑佛遜對人類的看法特點在於，他並不將理性視為絕對，還重視與理性相對的情感。富蘭克林也以自己的方式解釋了理神論，他強調神不僅創造了理性的人類，還造就了具備道德感的人類。

此外，傑佛遜認為道德的基礎是情感，而非理性。他曾寫過一封著名的信件，題為《腦與心的對話》，這是他在歐洲時期寫給某位女士的情書。《腦與心的對話》呈現了理性與情感之間的拉鋸，也即是人類究竟應該依循理性行事，還是遵從情感行事呢？

這封長達四千多字的情書中，傑佛遜提到，道德的基礎是情感而非理性。雖然最後他並未明確指出「腦」與「心」誰勝誰負，但《腦與心的對話》清楚地顯示，傑佛遜並非僅僅重視理性（《蒙蒂塞洛的傑佛遜》，頁八三—一一九）。

傑佛遜不僅追求道德感中的普遍性，還強調這一觀點源自《新約聖經》中耶穌基督的教誨。這種思維方式的根源正是來自耶穌的言辭。

傑佛遜相信，只要仔細拾起耶穌基督所遺留下的教誨片段，就能建立出最崇高的道德體系。基於這一信念，傑佛遜比較了《新約聖經》的拉丁文、希臘文、法文和英文版本。在此基礎上，他摘錄了有關耶穌思想和生平的內容，並根據一定的時間和主題順序重新構建。對傑佛遜而言，這樣的工作就是「將埋藏在雜物中的真正耶穌的樣貌找出來」。

對傑佛遜來說，希臘和羅馬哲學家所倡導的美德是基於個人主義的生活方式。然而，傑佛遜認為，耶穌基督一改猶太教的教義，提倡對全人類的博愛，這一點更具優越性。換句話說，相較於個人主義的生活方式，履行對全人類的責任更為重要。這種思維深刻體現在《獨立宣言》中對「人人生而平等」的論述上。

人民的啟蒙

傑佛遜在巴黎郊外的楓丹白露遇到一位貧窮的女性，這位女性一路上向他講述了貧困家庭的生活，例如由於工作難尋，她經常度過沒有麵包的日子。當兩人即將分開時，傑佛遜為了感謝她的帶路，便給了她一些錢作為答謝。看到這位女性因此感動得落淚，他猜想她可能從未得到過任何溫暖的幫助。

這位貧窮女性讓傑佛遜開始思考財富不平等分配的問題。他認為，儘管政府無法實現財富的平等分配，但可使財富依循「人類心靈的自然情感」來予以分配。

隨後，傑佛遜對拉法葉（Marquis de Lafayette）[2]說道，如果他能夠運用理性，讓人民能夠睡在更舒適的床上，或者在過去只有蔬菜的湯鍋中加上一點肉，那對他來說將是最大的喜悅。傑佛遜親眼目睹了法國社會的不平等，因此他能夠以嶄新的視角來看待在美國建立大型共和政體的實驗。

傑佛遜深信，理性存在於每個人的心中。真理是非常簡單的，但人們卻不容易理解，因為舊習俗或僵化的制度使他們的視野受到蒙蔽。那麼，如何才能發現真理呢？我們可以依據經驗事實，以自己的力量去驗證所學的知識。這種智識態度便是啟蒙，體現了理性中人人平等的普遍性。

傑佛遜認為，若人民擁有健全的智識態度，就能保有真正的自由。他相信人民的本質是善良的，只要透過教育和經驗的啟迪，便能做出正確的選擇。他強調，真正的自由必須建立在理性進步的基礎上，並非僅僅擺脫束縛，而是在於不斷努力守護自然權利。關於這一不斷努力的重要性，傑佛遜有以下陳述：

2　譯註：拉法葉是法國貴族和軍事將領，以支持美國獨立戰爭而聞名。他於一七七七年自願加入美國革命，與喬治·華盛頓建立了深厚友誼，並參與多場關鍵戰役。拉法葉的戰略才能和無私奉獻使他成為美國獨立運動的象徵之一。另外，他與傑佛遜等開國元勛的關係，也展現了兩國之間深厚的友誼。

> 法律與制度必須隨著人類精神的進步而不斷演變。隨著新的發現和真理的揭示，法律將變得更加完善和開明。習慣與觀點也會隨環境變化而改變，因此制度必須與時俱進。

在傑佛遜的觀點中，社會契約僅限於一個世代。因為某一世代所簽訂的社會契約，可能會成為下一世代的先入為主的觀念。換句話說，新一代的人們必須親自驗證「最能增進其福祉的政體」，並審慎做出選擇。那麼，傑佛遜為何要求人民不斷努力呢？因為他認為，若人民的自由是透過暴力而非理性獲得，或是將其賦予缺乏知識的人民，那麼自由便會淪為專制。傑佛遜堅信，如果接受良好教育的美國人能夠維持這種保證自由的政治制度，他們就能在廣袤的土地上建立一個自由的帝國。

四、殖民地獨立思想的遺產

由法國大革命繼承

隨著美國獨立戰爭的勝利，獨立思想從理念轉化為實踐，成為光輝的典範。許多傳達獨立思想的美國官方文獻被翻譯成多種語言，廣泛流傳於世界各地。狄德羅認為，美國不僅消除了財富分配不均的現象，還維護了自由。而孔多塞則對美國的信仰自由和出版自由給予了高度評價。

傑佛遜密切關注三級會議中日益強化的改革動向。他和許多美國人一樣，期待法國革命能成為美國獨立革命的繼承者。傑佛遜對於這次改革表達了他的期望：

> 無論如何，如今的動盪都將順利平復。因我們的革命而覺醒的人民將感受到自己的力量，並得到啟蒙。此光芒將持續擴散，已無法阻擋其勢。

因應拉法葉的要求，傑佛遜協助他起草了法國《人權宣言》。因此，法國《人權宣言》納入了《獨立宣言》中所提倡的普世性原則，如自由、平等和人民主權等。

傑佛遜認為，若國王能夠放棄部分權力，建立立憲君主制的穩健改革將是最理想的選擇。他並非擁護君主制，而是認為法國人民尚未成熟到能夠完全撤廢君主制並建立共和政體。基於這樣的考量，傑佛遜期待拉法葉能帶領開明的貴族與人民攜手，共同建立一個能夠抑制專制的政治制度。對傑佛遜而言，法國革命的成敗是判斷美國獨立革命能否成功的重要關鍵。

由於傑佛遜早已提出要暫時歸國的要求，他於一七八九年九月二十六日離開了巴黎。他原本預計很快會返回法國，親眼觀察革命的動向，但最終卻再也沒有踏上法國的土地。傑佛遜只能在美國見證法國大革命的演變。

傑佛遜離開之後，法國大革命越演越烈。聽聞拉法葉下獄、羅伯斯比爾的恐怖統治、內亂等隨之而來的動盪，傑佛遜提出非常嚴厲的評價——「這是令人悲嘆的錯誤」。然而他的確高度重視法國大革命的理念，因為他深信法國大革命的成敗將會左右全人類的命運。傑佛遜如是說：

我們仍然處於歷史的第一章。過去在美國為了追求人類權利而展開的行動，如今在法國首度於歐洲各國中推動。這股精神將從法國擴展至歐洲南部，北方的專制君主為了抵抗這股洪流組成同盟，但他們應該難以抵擋。這種抵抗只會導致更多的犧牲和傷亡，然而，他們的追隨者也將獲得人權。隨著世界走向文明化，人類的狀況最終會得到大幅改善。

大西洋革命的危機

傑佛遜在晚年得知拿破崙戰爭的結束以及維也納會議的成立，對他而言，這是十八世紀輝煌的啟蒙運動及革命所面臨的重大危機。在寫給共同起草《獨立宣言》的約翰·亞當斯（John Adams, 1735-1826）的信中，傑佛遜問道：「難道我們必須放棄對人類道德與理性進步的希望嗎？」在描述各國的困境後，他接著說：「我相信我們的努力不會白費。我絕對不會放棄對光明與自由穩健前進的希望而死去。」他在信中表達了自己強烈的信念：

如果暴政和專制的陰霾再次籠罩歐洲的科學與自由，我國將會把光明與自由帶回歐洲。總而言之，一七七六年七月四日燃起的火焰已經蔓延至整個地球，專制的微弱力量無法將其熄滅。不僅如此，這股火焰將吞噬所有專政勢力及為專制賣命的人。

傑佛遜的信念並無錯誤，自從《獨立宣言》發表以來，全球許多國家都經歷了不同的獨立過程，其中不少國家採用了《獨立宣言》中提出的普世性原則。舉例來說，越南在一九四五年發表的獨立宣言中引用了美國獨立宣言的詞彙，以表達他們的理念。此外，日本憲法中寫道：「生命、自由及追求幸福的權利，在不與公共福祉相衝突的情況下，應在立法及其他國政上得到最高尊重」，也因此而廣為人知。

如何實現更好的治理以改善人類的狀況？對於這個問題，殖民地獨立思想提供了一種答案。然而，這僅僅是其中一種解釋，並無法解決所有問題。儘管《獨立宣言》中提倡人類的自由與平等，但當時奴隸制度在美國仍然是一個突出問題，而傑佛遜本人也曾擁有奴隸，這構成了獨立思想中最大的矛盾。

奴隸制度的廢除必須等到林肯（Abraham Lincoln, 1809-1865）的出現。林肯將《獨立宣言》中闡述的普世性原則作為他主張美國北方正統性的基本原理，這也代表著《獨立宣言》的理念得以世代相傳。

為了將理念付諸實踐，當今世人必須不斷努力。否則，這些理念最終將淪為空洞的理論，無法改善現代人類的處境，並可能導致我們對人性的輕視。儘管面臨上述問題，殖民地獨立思想中卻有一個堅定的信念，認為人類的困境可以由人類自己解決。即便現代我們也面臨許多挑戰，這一信念仍將持續賦予我們希望的光芒。

延伸閱讀

班傑明・富蘭克林，松本慎一、西川正身譯，《富蘭克林自傳》（岩波文庫，一九五七年）——描寫了富蘭克林從少年時代到獨立運動前夕的大半生，此書被視為代表美國資本主義精神之書，甚至在日本都廣為流傳。

湯瑪斯・傑佛遜，中屋健一譯，《維吉尼亞筆記》（岩波書店，一九七二年）——這是傑佛遜在世時唯一出版的著作，以回答問題的形式討論了維吉尼亞的地理、社會制度和歷史等廣泛的主題。

伯納德・貝林（Bernard Bailyn），大西直樹、大野羅貝爾特譯，《讓世界煥然一新：富蘭

克林與傑佛遜 美國建國元勛的才華與矛盾》（*To Begin the World Anew: The Genius and Ambiguities of the American Founders*，彩流社，二〇一一年）——討論富蘭克林與傑佛遜這兩位出生於十八世紀歐洲邊陲地區的思想家，如何產生影響全世界的思想。

戈登・伍德（Gordon S. Wood），池田年穗、金井光太朗、肥後本芳男譯，《班傑明・富蘭克林，成為美國人》（*The Americanization of Benjamin Franklin*，慶應義塾大學出版會，二〇一〇年）——正統的評論性傳記，生動地描寫活在大英帝國體制下的富蘭克林經過何種心境轉變，成為美國獨立思想的重要人物。

明石紀雄，《蒙蒂塞洛的傑佛遜：美國建國元勛的內心史》（Minerva書房，二〇〇三年）——標準的研究書籍，從個人角度研究傑佛遜思想的形成過程。

專欄五
共濟會　橋爪大三郎

「Freemasonry」一詞原意為石匠工會。中世紀時，各種工匠工會盛行，其中石匠們因為經常遠離故鄉，長期生活在建築工地，因此彼此的關係格外緊密。

今天我們所知的「Freemasonry」指的是近代的「共濟會」，但是否繼承了中世紀石匠工會的傳統則難以斷言。共濟會於一七一七年在倫敦成立，並廣泛傳播至法國、德國和美國，成為一個相當有影響力的社團。他們擁有儀式用的圍袍、方矩和圓規等象徵性符號，並舉行祕密儀式，因此被稱為「祕密社團」。

共濟會廣泛傳播的原因有幾個。首先，它是一個不受身分和宗教約束的社交社團。新興的公民階級希望能認識貴族與有力人士，以交換資訊。當時高等教育並不普及，而石匠使用的幾何學（理工知識）滿足了他們的求知慾，並共享了近代社會的基本觀念。第二，共濟會提供了建立人脈網絡的機會。新教的教會與天主教不同，分出了許多教派。共濟會的成員能自由信仰任何一個教派，並在內部不談論宗教話題。共濟會不強調新教信仰，而是以理神論為基礎，這是一種當時的新思潮，也可理解為啟蒙思想。若沒有共濟會的網絡連結，當時美國獨立革命或許不會成功，喬治・華盛頓與班傑明・富蘭克林都是共濟會的成員。第三，這裡提供了一個吃喝玩樂的機會。教會是與妻子和家人一起前去的場所，但共濟會的集會僅限男性，而且長年以來會所也兼作酒館。甚至有人認為共濟會一詞就是酒醉的代名詞。第四，滿足會員的榮譽感。會員被分為不同等級，並逐步晉升，每次晉升都有儀式。這些富有的會員可以在此扮演名士，但也需要一定的費用。他們會募集捐款並舉辦慈善活動。此外，像聖殿騎士團和同聖會（Shriners）等附屬團體也存在，參加多個團體的會員會相當忙碌。

對於這樣一個無害的團體，為何經常有謠言傳出它是陰謀集團呢？其中一個理由是各國的諜報機構在散播這些謠言。在日本，軍隊也利用這些陰謀論來煽動國內的危機意識。此外，聯合國軍總司令麥克阿瑟元帥是共濟會成員，駐日盟軍總司令部中也有共濟會成員。缺乏基督教或理神論背景的人，容易對這些拙劣的陰謀論信以為真。

共濟會一直對天主教會保持對抗的意識。最近，他們開始向穆斯林和佛教徒開放，這種重建社會關係的解放感或許正是其吸引力所在。

CHAPTER

seven

第七章

批判哲學的嘗試

長田藏人

批判哲学の企て

一、何謂批判哲學

批判哲學與啟蒙

在尋求真理與道德正確性時，我們應該依賴感覺和情感的引導，還是理性呢？德意志普魯士王國的伊曼努爾．康德，這位來自歐洲學術後起之地的哲學家，目睹了將某些感覺和情感視為智識活動第一原理的國內外思潮，並將「感覺、情感或理性」的問題視為自己的研究課題。雖然本卷的主題是十八世紀的情感論，但康德的結論卻重新確立了理性主義。

康德的批判哲學是對理性主義基礎的探究，這與他對「啟蒙運動」的理解有著本質上的關聯。在「啟蒙世紀」的末期，康德提出了影響至今的「啟蒙」思想，因而成為人們在考量啟蒙思想利弊時必然會探討的哲學家。本章將探討康德所理解的「啟蒙」與其批判哲學之間的關係。儘管當今已指出理性主義的局限性及弊病，但仍需審視康德的批判哲學在世界哲學史中的意義。

批判哲學一詞源自康德的三部主要著作《純粹理性批判》（*Kritik der reinen Vernunft*, 1781/1787，第二版）、《實踐理性批判》（*Kritik der praktischen Vernunft*, 1788）、《判斷力批判》（*Kritik der Urteilskraft*, 1790）的書名，一般認為康德哲學的探究是以這些著作為中心而展開。一七八〇年代這個時期，距離牛頓的《自然哲學的數學原理》出版（一六八七年）已經一百年，美國獨立宣言

（一七七六年）才剛發表，更是法國大革命的（一七八九年）爆發前夕。康德的批判哲學反映了當時的歷史背景，成為探索學術現代化與形成公民社會所需智識能力的重要一環，並在理性主義的基礎上形成了「啟蒙」理念。本章將聚焦於《純粹理性批判》與《實踐理性批判》這兩部確立理性主義的著作。

「何謂啟蒙？」

在進入批判哲學的茂密叢林之前，我們必須對康德的「啟蒙」概念有基本的理解，以確定本章將從哪個面向來審視批判哲學，並藉此確立研究方向。康德在其著名的論文〈答「何謂啟蒙？」之問題〉（一七八四年）開頭便提供了直截了當的答案：

> 所謂的啟蒙，是人類從自我招致的未成年狀態中走出來的過程。

而「未成年狀態」是指「在沒有他人指導的情況下無法運用自己的知性」的狀態（在本論文中，「知性」與「理性」可視為同義詞）。之所以稱這種狀態為「自己招致的」，是因為通常能夠獨立思考的成年人卻因為懶惰和膽小而甘願屈從於他人的權威。康德舉例說明了這種未成年狀態，例如人們透過他人的著作來思考何謂真理，而不是依靠自己的知性或理性來判斷；或者讓教會的牧師來判斷是非善惡，而不是依據自己的良心。

我們可以立即理解，放棄行使自己的思考能力，將善惡的判斷交託給他人，是懶惰的結果。康德指出，成為未成年人正是這種安逸的狀態。那麼，為什麼這也是懦弱的結果呢？其一，這可以歸因於對犯錯的恐懼；其二，這也可能意味著缺乏承擔責任的態度。透過自己的思考做出判斷，就必須為其結果負責。由於害怕承擔責任、犯錯以及懶惰，許多人便接受了有力人士的觀點，並讓他們主宰了自己的生活。

基於此觀點，康德所提倡的啟蒙即是在思想上實現獨立，這是一種在思考和判斷上不盲從「權威」的態度。康德用一句標語來表達追求自立的啟蒙精神：

鼓起勇氣去行使自己的知性。

從康德之前提出的例子可以看出，他特別強調使用理性來探求真理和判斷善惡。康德的《純粹理性批判》與《實踐理性批判》可以被視為對理性的學術和道德自立的可能條件。批判哲學試圖建立對人類理性的信任，將其視為達到思想獨立（啟蒙）的能力。

二、《純粹理性批判》提出的問題

理性之自我批判嘗試

光就《純粹理性批判》的書名，我們難以推估其目的及用意為何。在此奇特的書名之下，康德在這個奇特的標題下探討的問題是：「形上學是否能作為一門正當的學問而成立？」他所關注的形上學主要基於德國啟蒙運動初期哲學家克里斯蒂安・沃爾夫（Christian Wolff, 1679-1754）之體系，研究對象包括「神」、「世界」、「靈魂」以及「一般存在」。由於這些對象的性質，形上學成為一種探究，旨在透過理性，依據理由與結論之間的關聯性來加以推論，思辨性地導出那些無法透過觀察或實驗來實證的主張。

形上學曾被譽為「一切學問的女王」，但在當時卻漸漸失去了公信力。這是因為，對於神的存在、世界的空間與時間是否有極限，以及靈魂是否不滅等問題，形上學並未能提供像數學和自然科學那樣確切的見解。

針對這種情況，康德認為應暫時停止探究，首先評估理性這一認知能力是否能勝任這些課題的討論。而這一「辨析」的過程，正是《純粹理性批判》——「對於純粹理性之批判」這一特殊標題所隱含的意義。

在此之所以將「純粹理性」作為批判對象，是為了明確確認，在無法依賴觀察、實驗等經驗手段的情況下，僅透過純粹推論，是否能對神、世界的極限、靈魂等學術認知構成「學識」（scientia/science）。「批判」（Kritik）一詞源於希臘文，意指「區別」或「判別」。換言之，純粹理性被認定為學術知識的區別標準，這正是本著作的主題所在。

在這裡需要注意的是，康德將這一批判性探究理解為理性對自身的批判嘗試。如果理性能區分自己能做的與做不到的，並能確定其能力的限界；或者理性能意識到自己的錯誤並找出其原因，那麼這種自我批判的能力就是我們對理性信任的源泉。康德正是如此認為的。

《純粹理性批判》的計畫

那麼，理性的自我批判導出了什麼結論呢？正如康德的友人、猶太哲學家摩西・孟德爾頌（Moses Mendelssohn, 1729-1786）所感嘆的：「康德粉碎了一切」，其結果是對一切的全面否定。換言之，人類的理性無法確知神是否存在、世界是否有極限、靈魂是否不滅等學問知識，因此思辨式的形上學並不成立。這就是《純粹理性批判》的結論。

關於神存在與靈魂不滅在學術上無法成立的結論，對於現代的我們來說並不意外，更遑論世界的極限。然而，在康德的時代，包括沃爾夫和孟德爾頌在內的許多哲學家和科學家，則認為神與靈魂可以是學術研究的對象。當時，自然科學的現代化仍在進行中，人們對學術知識的本質與局限性的認識尚不成熟。在這種情況下，證明神的存在對自然科學的基礎尤為重要。

在十七世紀的科學革命中，我們熟知的數學式自然科學經由伽利略和牛頓等人的努力首次顯現。當時，對於「為什麼自然界具有數學結構」的疑問，是以「世界是由一位具智慧的造物主所創造的」這一宗教信念來回答（參考本書第五章）。對於我們這些站在三百年來近代科學積累之上的人來說，認同正確科學知識的有效性，同時也承認自然界的數學結構是偶然的產物，這兩者並非不可並存。然而，對於十八世紀的哲學家和科學家而言，「科學知識擁有普遍妥當性」的信念，是建立在另一個信念之上——「因為神如此創造自然」。

在這種情況下，斷言形上學的不可能性，也意味著我們必須找到一種方法來保證對自然科學普遍妥當性之信念。因此，康德對《純粹理性批判》的計畫如下：為了區分純粹理性在學術上能辨識的對象，首先必須了解學術知識得以成立的條件。此外，這些條件並不以神的道理為前提，即（康德認為）自然科學應該具備的普遍妥當性。透過質疑這種普遍知識的可能性條件，並檢視形上學是否滿足這些條件，以判定其是否能成為一門學問。這就是《純粹理性批判》的探究架構，而康德透過此探究的結果，得出了以下本體論的創新。

存在與知識的普遍相即

根據我們的常識，對物體的感知順序通常是，首先該物體透過感官呈現給我們，然後我們基於這一感官呈現來認識其屬性與關係。在這種情況下，我們對物體的感知被視為由該物體的存在所決定的。

然而，康德認為，這種方式所能達到的僅僅是基於經驗的認知，而單靠經驗的認知無法實現他所追求的學術知識的普遍性。因為，此時的有效性只能限於經驗所實際達到的範圍之內。

康德提出了一個觀點，為了使普遍的學術知識成為可能，我們是否應該認為對象遵從認知，而非認知遵從對象。換句話說，確定什麼樣的對象是取決於我們如何認知它，而這一認知的方法則由我們的認知能力的形式決定。康德將此比作哥白尼的轉向，透過推動著名的「思考革命」，推導出以下主張。

我們的經驗認知是由感性透過感官接受知覺內容，並由知性（悟性）掌握這些知覺內容的概念，這兩者相輔相成而形成。而這兩者皆有其特定的形式。感性的形式為「空間」與「時間」，而知性的形式則包括「量」、「質」、「因」與「果」等最基本的十二個概念（範疇）。在這些形式的作用下，物體可以被認知為存在於空間和時間之中，並具備一定的量與質等特性，或是作為其他對象的原因和結果。

我們無法在此詳細探討康德在提出這一奇特主張時所面臨的困難、並非總是成功的證明，以及他在這一過程中展現出的獨創性和邏輯性。本章節僅見證這一「思考革命」的結果。

我們的認知對象作為具有某些屬性與關係的存在，必須透過感性和知性的形式來認識，兩者密不可分。換句話說，對我們而言，對象的存在是以我們認知對象的形式為條件的。另一方面，我們絕對無法脫離我們認知物體的方法（形式）來了解其真實模樣。因此，我們的認知對象僅透過感性形式和知性形式而展現為「現象」，至於對象的本質——「物自身」則完全無法知曉。

因此，「現象」世界與「物自身」世界是有所區別的。既然對某一現象的認知（基於感性與知性的形式）的可能性條件，無非是該現象存在的可能性條件，那麼存在和認知只有在現象世界中才具有普遍性。康德認為，這確保了自然科學作為普遍學術知識的可能性。另一方面，由於無法感知神、整個世界、靈魂等形上學對象，這些對象無法滿足從感性形式來認知的可能性條件。因此，儘管這些屬於物自身世界且能成為信仰對象，卻無法成為我們可能的學術知識的對象。換句話說，具思辨特性的形上學並不能作為一門學問，這就是康德的結論。

三、《實踐理性批判》提出的問題

「純粹實踐理性」的道德性

接下來，我們來探討康德在倫理學方面的主要著作《實踐理性批判》。

根據康德在序言中的說法，此著作的任務是證明「純粹實踐理性的存在」這一命題，即要證明「理性作為純粹理性是實用的」。然而，我們很難立刻理解為什麼會出現這個問題，以及這一命題究竟具有什麼意義。

所謂的「實踐理性」是與「理論理性」（又稱思辨理性）相對應的概念。簡單來說，理論理性認知「對象為何」，而實踐理性則認知「對象應該為何」。前者是認知對象的「理論認知」能力；後者則並非關於對象的認知，而是關乎實現行為的「實踐認知」能力。此外，這裡的「純粹」指的是不依賴於經驗，這與《純粹理性批判》中的意思相同。在做出行動決定時，如果實踐理性受到愉快或不快的情感，或是追求幸福的欲望等影響，那麼這種理性便是受經驗制約的。這是因為情感、欲望和傾向都是基於經驗認知的。相反地，康德主張只有一種實踐認知是不依賴這些經驗條件的，這種認知可以僅憑純粹理性來做出行為，那就是對道德法則的認知。

那麼，為什麼認知道德法則的理性必須是純粹的呢？這是因為康德試圖排除道德法則中的所有主觀性與任意性，並追求嚴格的普遍有效性。為了使道德法則真正具備道德性，它必須毫無例外地一致適用於所有理性人的決策。因此，只有在它具備普遍公正性時，才能稱之為「道德」。然而，情感、欲望和傾向是因人而異的主觀因素。因此，若道德法則要實現普遍有效性，就必須依賴純粹理性的認可，而不受這些主觀因素的影響。

根據以上觀點，康德推導出了以下非經驗性形式，作為純粹實踐認知的可能條件：

行動吧。讓你的意志格律成為普遍立法的原則。

這被稱為「定言令式」（categorical imperative），即理性命令必須無條件（絕對）遵守，才能符合道德規範。

之所以認為它是無條件的，是因為在有條件的命令中（例如「若想成功經商，必須誠實」），條件的部分往往難以避免地混入主觀性和任意性，因此無法實現道德令式的普遍性。此外「格律」是指每個人各自擁有的行動方針（例如「可以借用無法償還的金錢」或「必須始終保持誠實」等），本質上僅是一種主觀信念。因此，要使一個人具備道德感，就必須研究每個人的各種格律是否具有普遍性。定言令式正是這樣的標準：需判定「所有試圖制定道德法則的理性存在者，是否都能同意你的格律可以作為道德法則」。如果格律被判定為可普遍化，那麼它便會被認知為道德法則。

情感或理性

如前所述，《實踐理性批判》的任務在於證明「純粹實踐理性的存在」，或說「理性作為純粹理性是實用的」。為了達成這一證明，必須證實上述純粹理性對道德法則的認知與單純的理論認知有所不同，並且是依循該法則行事的意志。只有當理性被理解為具有能力作出此決策時，才能將其視為一種實踐能力，而非僅僅是一種認知能力。

然而，康德認為純粹理性只有作為「理性的事實」才能成為這種能力。也就是說，我們只能將已知的道德法則的強制力視為事實來加以洞察。因為實際上，對於道德，康德一開始就認為我們對道德約束力的嘗試性認知意識是既定事實。此外，康德的構想是要論證定言令式的理性形式是其意識能夠成為真正普遍道德意識的基本條件。由於無法以這種方式深入研究他對「理性事實」的論證細節與是非，因此在此將專注於康德對構成其概念基礎的問題意識。

在蘇格蘭啟蒙運動的道德情感論影響下，康德逐漸意識到必須解決理性的實用問題。在他的論文〈關於自然神學與道德底原則之明晰性探討〉（一七六四年）中，康德引用法蘭西斯・哈奇森（Francis Hutcheson）的論點，並以以下問題作為結尾：「決定實踐哲學的第一原則，究竟是認識能力還是情感？這個問題相比於其他問題，必須最先解決。」雖然康德在這篇論文中未提出最終的解決方案，但可以看出他贊同情感論的立場。

然而，哈奇森的影響重要之處在於他向康德提出了「情感或理性」這一問題，而非在於解決該問題。實際上，這個問題一直延續到《實踐理性批判》中，歸結為理性作為一種認知能力如何同時具備實用性的問題。康德之所以如此重視這個問題，是因為在道德情感論中，哈奇森與大衛・休謨對理性提出了尖銳的批判，而《實踐理性批判》則具有回應這些批評的意義。

哈奇森和休謨認為，決定行為的意志並非來自認知，而是源於情感或情緒。他們指出，理性僅僅是一種推論與計算的能力，並不具備產生行為的力量（參考本書第二章，哈奇森，《關於情緒與情感之本性與行為》、休謨，《人性論》）。透過推論的能力，我們或許能夠了解到「對整體幸福的益處」，但即便獲得這樣的認知，決定人們採取行動以實現目標的意志，仍然不是依賴認知，而是基於追求自身與他者利益的情感，例如「自我陶醉」和「仁愛」（benevolence）等。面對這種對理性的批判，《實踐理性批判》的任務依然是證明純粹理性的實踐性，即純粹理性能夠決定道德行為的意志。

道德性與自我批判的能力

相反地，從康德的角度來看，將情感視為道德的第一原理會面臨哪些問題呢？在這裡，我想指出兩點。

第一個問題在於情感是主觀的。只要將情感作為道德認識的基礎，就無法實現康德所追求的普遍性。眾所周知，康德受到盧梭的強烈影響，並在「公意」的概念下（參考本書第三章與第四章的《民約論》），構思出一種普遍道德，從而與道德情感論分道揚鑣。

關於情感的主觀性對道德認識的有效性所帶來的問題，亞當・史密斯在《道德情感論》

中並非毫無察覺（參考本書第二章）。根據《道德情感論》，人類的「良知」（即「內在的公正旁觀者」）是以「同情」為標準，對自我和他人的行為進行道德評價。然而，作為認知主體的良知，對於各種情感的同情程度，往往會受到該情感引發的行為偶然結果以及當時心理狀態的影響。因此，史密斯認為良知會形成「一般規則」，以矯正上述的「情感不規則性」，使自我與他人的判斷保持一致。然而，僅依賴情感並不足以實現對這種普遍性的認知及情感的控制。因此，史密斯的道德情感論中也包含了透過智識能力來自我批判的要素，為了「符合道德」，必須「自我批判」。而康德的立場則是在理性中尋求一種基準，以便將其一般性提升為嚴格的普遍性。

第二，感情和感覺缺乏自我批判的能力，因此道德情感論無法解釋意志自由的可能性。該理論主張，人類本性中具備某種感受能力，而道德情感和道德感（哈奇森）則是遵循這一自然本性的結果。例如，對仁愛的共鳴和愉悅感（道德感）是基於人類本性如此的前提，應可理解為依循法則而產生的。此外，我們必須指出，這一理解的根基在於將道德人性視為神的旨意。

對於這一點，康德將理性視為「依循法則表象的行為能力」，而非僅僅是「依循法則行事」（《道德形上學的基礎》，一七八五年）。換言之，理性並不像情感與感官那樣單純地「依循法則行事」，而是首先要獲得道德法則的表象，也就是說，理性必須認知到道德法則，並根據這一認知的內容（法則）來付諸行動。正如前述，將自己的格律對象化並仔細審視，將應遵循的格律認知為道德法則，並期望自己依此行動。

康德將這種自我立法的理性狀態稱為「自律」（Autonomie），並認為只有自律才是真正意義上的「自由」。因為，只有當意志獨立於情感和欲望等人類的本性，並完全以道德法則的認知作為決策的根據時，才能稱其擺脫自然因果律的束縛。

以上就是批判哲學的基本內容。在此，我們確認了康德的主張，即存在著一個普遍原理（如感性、知性的形式或定言令式），能夠在無需依賴神學的前提下解釋知識認知和道德意志的形成。因此，人類理性不僅能作為理論理性獲得關於現象世界的普遍知識，還能作為實踐理性將普遍性道德付諸實踐。然而，另一方面，人類理性無法將超越感性的對象認識為學問。此外，康德認為，這些內容是透過自我批判來揭示的，在自我批判中，理性本身會區分它能做的和不能做的事。最後，在下一節中，我將闡明康德的理性主義對「啟蒙運動」的意義，並思考批判哲學在世界哲學史中的重要性。

四、啟蒙與理性主義

感覺或理性

康德的理性主義與啟蒙運動之間的關係，可以從他一七八六年發表的《何謂在思考中定向》一文中窺見。在這篇論文中，康德探討的核心問題是：當我們面對超越經驗的問題（如宗教問題）時，什麼樣的能力能夠充當我們思考的羅盤，幫助我們區分應該走的方向與不應該走的方向？康德特別關注的是被稱為「常識」（common sense）的這種能力的假設。

這裡提到的「常識」概念，源自蘇格蘭啟蒙運動中的「常識學派」，強調人類天生具備的「真理感」。例如詹姆斯・奧斯瓦爾德（James Oswald, 1703-1793）[1]對此能力做了如此說明：

> 理性與非理性的區分，與其說是依靠辯證能力，不如說是透過某些顯而易見的真理感知與判斷實現的。這種感知之所以被稱為「感覺」，是因為它具備迅速、確實且無庸置疑的特性。然而，它被稱為「常識」的原因在於，所有具理性的人或多或少都具備這種特質。（《對宗教常識的訴求》）

正如這句話所揭示的，對蘇格蘭哲學家而言，常識是一種賦予人類真理感官的能力，這是

1 譯註：詹姆斯・奧斯瓦爾德是蘇格蘭啟蒙運動時期的哲學家和神學家，隸屬於蘇格蘭教會。他以支持「常識學派」的思想聞名，強調人類具備一種內在的「真理感」，這種能力能讓人們在日常生活中區分真理與錯誤。他的著作對當時的哲學和宗教討論產生了影響，尤其在關於理性與信仰的辯論中，提出了兼容兩者的觀點。著有《對宗教常識的訴求》（*An Appeal to Common Sense in Behalf of Religion*）。

一種直接認知真理的源泉。德國如孟德爾頌等「通俗哲學」的提倡者也採納了這一常識思想，並將其視為認知真理的首要原理，將其等同於理性。

但從康德的立場來看，將理性與感覺能力相提並論的做法會導致理性的獨斷論，因為感官缺乏自我批判的能力。康德指出，理性的獨斷論是一條「通往盲從哲學的直線道路」，唯有透過對理性的批判才能避免這種獨斷。因此，在《純粹理性批判》中，康德認為思辨的形上學是理性獨斷論的產物，並被理性的批判所否定。

有鑑於此，〈何謂「在思考中定向」〉一文提出了一種尋求真理的「試金石」，以避免理性陷入盲從與迷信。這是一種對普遍性的檢驗，人們需從自己想法的根據或其推演的規則出發，反問自己這是否能作為普遍原則使用（在《判斷力批判》中，這被表述為一種思考方式，即設身處地為他人著想，並從「普遍立場」來反省自己的判斷）。康德將這一與定言令法相通的基準稱為「理性的自我維持格律」，並得出結論，依照此基準且不斷地自我批判，正是理性的本質。如果理性無法進行這種自我批判，它便不再是理性。

根據康德的說法，「運用自己的理性」這一啟蒙思想的含義，即是在個體自身內擁有上述的「真理的試金石」。這是為了在人類追求「自主思考」的啟蒙之路上，有限的理性需要一個基準來規範自身的思維，避免陷入獨斷論、盲從與迷信。這種自我批判的基本前提在於，必須意識到「自己的思考與判斷很有可能出錯」。常識派哲學家所信奉的「真理意識」無法達到這一要求。無論是追求「學問」還是實現「道德」，都必須具備「自我批判」的能力。康德的「啟蒙」概念建立在理性「自律」的信念之上，即人類理性能依據普遍基準來審視和校正自己的思維。

批判哲學在世界哲學史中的意義

如本章前文所述，康德的立場是一種徹底的理性主義與普世主義。從之前的論述中，我們可以理解，康德之所以追求理性主義，是在尋求真理與判斷是非的過程中，試圖建立思想的獨立性與普遍基準。然而，為什麼康德要追求這種普遍性呢？為了確保其理論的嚴格普遍性，康德不僅需要進行許多複雜且艱難的論證，還必須面對並承擔各種批評，例如：理論欠缺靈活性與發展性、喪失對多樣性的包容、對個別性考慮不足、過度拘泥於形式主義、缺乏對人類情感的關注，以及理性體系化可能帶來的壓制性等問題。

雖然本章的敘述只描述了康德所關注與思索的一小部分，但不可否認的是，康德的批判哲學也確實遭受到如上述的批評。另外，本系列試圖呈現「世界哲學」的多樣性，因此這些負面的面向將會逐漸浮現並受到批判。然而，儘管存在這些困難，康德的批判哲學在現代依然具有重大的意義。舉一個例子，康德的「尊嚴」概念便是其中之一。透過批判哲學，康德成功地創立了一個極具革命性的常識——在人類哲學史上，康德首次在不依賴神學與宗教前提的情況下，論證了所有人皆享有平等的尊嚴。這一嘗試最終在聯合國憲章與《世界人權宣言》中開花結果，並影響了「尊嚴」與「人權」的確立，日本憲法中關於「尊重個人」與「基本人權」的內容也反映了這一潮流。誠然，這一概念因其普遍性而被批評為空洞，但即便如此，這絕不意味著可以公然將此概念從聯合國憲章與人權宣言中刪除。

綜上所述，康德對普遍真理與價值的追求，以及他對理性批判能力的信仰，使他成為古希臘哲學問題意識的正統繼承人，因為古希臘哲學的核心正是普遍性、合理性和批判精神。此外，康德以最純粹的形式追求普世主義與理性主義，進一步推動了這些思想的發展，並在獨立於神學的意義上實現了西方哲學和學術理論的現代化。從世界哲學史的角度來看，康德的批判哲學的意義在於，它為現代西方哲學提供了一個堅實的基礎，並且在比較不同地區和時代的哲學時，成為重要的參考框架。

延伸閱讀

石川文康，《康德入門》（筑摩新書，一九九五年）——簡明扼要地介紹整個批判哲學的入門書，包括本章無法涉及的《判斷力批判》。從批判哲學的根本問題意識出發，闡述了「活生生的康德」。

有福孝岳、牧野英二編，《為了學習康德的人》（世界思想社，二〇一二年）——內容非常扎實的入門書，依各種主題詳細說明批判哲學的全貌。由於這是一本論文集，讀者可以只翻閱有需要的主題來學習。

曼弗烈・孔恩（Manfred Kuehn），菅澤龍文、中澤武、山根雄一郎譯，《康德傳》（*Kant: A Biography*，春風社，二〇一七年）——以最新資料與研究為基礎而著的傳記。是一部巨作，將康德的人生與學術交流做對照，清晰地闡釋了其思想內容，也是一部合適的入門書。

加藤泰史，《為了重新建構尊嚴概念史：從現代爭論重讀康德的尊嚴概念》（《思想》第一一一四號，岩波書店，二〇一七年第二號）——不但從概念史的考察闡明了康德的「尊嚴」概念革命性，更詳細論及康德如何導出尊嚴的普遍性，以及其概念的當代意義。

CHAPTER
eight

第八章
伊斯蘭的啟蒙思想

岡崎弘樹

イスラームの啟蒙思想

一、「時代精神」中的啟蒙思想

勒南與阿富汗尼的對話

在談論伊斯蘭的啟蒙思想時，必須先關注來自伊朗的近代伊斯蘭思想家賈邁勒丁・阿富汗尼（Jamal al-Din Al-Afghani, 1838-1897）與法國的東洋學者、文獻學者約瑟夫・歐內斯特・勒南（Joseph Ernest Renan, 1823-1892）之間的對話。一八八三年，勒南在索邦大學發表了題為「伊斯蘭與科學」的演講，他分析了伊斯蘭如何從本來的宗教出走，以至於成為文明發展的阻礙之過程。據勒南的說法，著重理性與懷疑精神的哲學在波斯與安達魯斯（Al-Andalus）[1]較為普及，但在阿拉伯地區，哲學家則被視為異端，與神學家互不相容，有時甚至會被判處死刑。據說在十三世紀，尤其是鄂圖曼帝國勢力增強後，伊斯蘭教與科學、哲學之間發生了衝突，導致教條主義與盲從逐漸加劇。勒南與阿富汗尼在交換意見時曾如此斷言：「伊斯蘭國家的復興不是由伊斯蘭教實現的，反而是透過削弱伊斯蘭教來達成的。正如基督教國家是透過打破中世紀教會的專制權力而

1　譯註：安達魯斯（Al-Andalus）是七一一至一四九二年間穆斯林統治的伊比利半島地區，現位於西班牙和葡萄牙。該地文化繁榮，首府科爾多瓦（Córdoba）是重要學術中心，孕育了許多著名學者，如阿威羅伊（Averroes）和麥蒙尼德（Maimonides）。在這個時期，安達魯斯成為穆斯林、基督徒和猶太人共同生活和學術交流的典範，許多經典的希臘哲學、科學著作得以保存並經由阿拉伯語傳入歐洲。

取得重大進步一樣」（岡崎標註重點）。

阿富汗尼贊同勒南對進步主義史觀的看法，但強調「所有宗教都有其不寬容的形式」。他認為，西歐之所以能擺脫野蠻社會，達到高度文明，是新教宗教改革以及隨後的學術知識累積和教育的成果。同時，波斯與安達魯斯的學者透過掌握古蘭經的阿拉伯語，成為歷史上偉大的哲學家，這顯示問題並不在於阿拉伯地區本身。阿富汗尼指出：「穆斯林的責任顯而易見，問題在於支持專制政體，導致學問在各領域中無法發聲。」（Renan, E, L'Islamisme et la Science, *Journal des Débats*, 30 mars 1883, 18, 19 mai 1883）。

阿富汗尼當時在巴黎創辦了一份名為《堅固的聯繫》[2]的阿拉伯語報刊，並呼籲伊斯蘭各國國民團結起來，對抗列強的殖民地統治。從他與勒南相互尊重的對話中可以明顯看出，阿富汗尼並未全面拒絕西方現代化。然而，他無法接受將伊斯蘭解釋為「本質主義」和「還原論」[3]，也無法接受奧古斯特・孔德（Auguste Comte）式的「實證科學」論，將世俗化與現代化視為同一事物的單一發展史觀。他常引用古蘭經的話：「真主必定不會改變任何民眾的狀況，除非他們自己改變自己的狀況。」（一三：一一）然而，阿富汗尼並非單純擁護自身信仰的教徒，而是試圖培育重視理性、合理性和人類尊嚴的現代啟蒙人士。他認為，最重要的「穆斯林責任」在於透過多線發展的史觀實現文明化，知識菁英應致力於推廣學術知識與教育，並將神學與伊斯蘭哲學應用於現代生活的實踐課題。

該注意的各種要點

在討論伊斯蘭世界的「啟蒙」思想時，有幾個關鍵要點需要注意。西歐的「啟蒙」（Enlightenment，法語：Lumière）是十九世紀回顧十八世紀思想時廣泛使用的概念。然而，在阿拉伯地區，雖然拿破崙十九世紀初侵略埃及時採用了相同用法，但這個詞彙通常只在討論西歐近代思想時才會出現。例如，近代埃及思想先驅里法阿・泰赫塔維（Rifāʿa aṭ-Ṭahṭāwī, 1801-1873）在其著作《純金的提煉：巴黎精華的提要》[4]（一八三四年）中提到，法國的宗教神職人員竟被視為

■

2 譯註：《堅固的聯繫》（阿拉伯語：Al-Urwah al-Wuthqa；英語：The Firmest Bond）是由阿富汗尼於一八八四年創辦的報刊，旨在推動泛伊斯蘭主義與反抗西方殖民統治。期刊提倡伊斯蘭世界的現代化與宗教改革，批評專制政體和落後現象，並強調知識與團結的重要性，對伊斯蘭復興運動影響深遠。

3 譯註：還原論（Reductionism）是一種哲學觀點，主張可將複雜的系統或現象解釋為更基本的組成部分。例如，生物學現象可以還原為化學反應，而化學反應則可以進一步還原為物理學定律。還原論常見於科學與哲學領域，強調透過分析較小的單位來理解整體現象。然而，還原論也面臨批評，因為它可能忽視系統整體性和交互作用的複雜性。

4 譯註：《純金的提煉：巴黎精華的提要》（阿拉伯語：Takhalīs al-ibrīz fī talkhīs bārīz）是里法阿・泰赫塔維撰寫於一八三四年的重要著作，本書記錄了一八二六年至一八三一年間，他隨行埃及使節團赴法國巴黎的經歷和觀察。這本書以旅行記錄的形式呈現，詳細地描述和分析當時的法國社會、教育、政治、法律、經濟、科學技術等方面，並試圖將西方的現代化思想介紹給阿拉伯世界。

「光芒與知識的敵人」，他對此感到驚訝。此處提及的「光」，雖與泰赫塔維在埃及推廣的近代科學有聯繫，但他從未自稱為「啟蒙思想家」。可以說，十九世紀的阿拉伯思想家在重視「文明化」與「教育」的過程中，逐漸形成了與西歐十八世紀「啟蒙思想家」類似的思維方式。

此外，十九世紀到二十世紀初期，阿拉伯地區的思想長久以來被稱為「復興」（Ennahda，意為覺醒、重生、文藝復興），而非「啟蒙」。最初「復興」指的是十九世紀後期在黎巴嫩發生的文藝復興運動，隨著阿拉伯民族主義的崛起，這個詞逐漸涵蓋了更廣泛的地區和時代。雖然各思想家活躍的時代不同，但一般將泰赫塔維等人視為復興的第一世代，穆罕默德・阿布都（Muhammad Abduh, 1849-1905）代表第二世代，穆罕默德・拉希德・里達（Muhammad Rashid Rida, 1865-1935）則是第三世代的代表人物。

在復興時代，「伊斯蘭」不僅被理解為一個神學概念，更是一種文化、文明、精神與自我認同，甚至是一種涵蓋整個地區的歷史觀。與泰赫塔維相似，黎巴嫩天主教馬龍派的布特魯斯・布斯塔尼（Butrus al-Bustani, 1819-1883）借鑑先知穆罕默德「愛國是信仰的一部分」的言論，主張以土地、語言、利益、習慣和血緣等共通性為基礎，建立新社群，減少地區的宗教與教派衝突。在一八七〇年代後半期，許多來自敘利亞的基督徒，像阿迪布・伊沙克（Adib Ishak, 1856-1884）等，集結於阿富汗尼的領導下，活躍於開羅與亞歷山大港的群眾中。同樣來自基督徒社群的尤爾吉・宰丹（Jurji Zaydan, 1861-1914），撰寫了大量以伊斯蘭歷史事件為題材的小說和歷史研究書籍，如《伊斯蘭文明史》（出版於一九〇一至〇六年，共五冊）。在那個宗教與教派隔閡較少的時代，「啟蒙」思想家們背負著自身文化，卻也與西方現代化進行真摯的對話，並強調寬容、多元性和對人類普遍性的追求。

由於篇幅限制，本文無法全面探討伊斯蘭世界的整體啟蒙思想，因此我們將重點放在阿拉伯地區復興的第一世代、第二世代及其啟蒙派的後繼者。我認為，僅此範圍便足以掌握其本質脈絡。

二、以「他者」為鏡認識「自己」

「置換」與「共有感」

一八二六年，在穆罕默德・阿里帕夏的統治下，泰赫塔維以留學生身分被派遣至法國。儘管他是伊斯蘭教的神職人員，在留學期間，他與西爾韋斯特・德・薩西（Silvestre de Sacy, 1758-1838）等東方學者交流，並對孔狄亞克（Étienne Bonnot de Condillac, 1714-1780）、盧梭、孟德斯鳩、伏爾泰等法國啟蒙思想家的著作產生了濃厚興趣。歸國後，他將留學經歷和對法國社會、經濟情況的觀察整理成著作《純金的提煉》。泰赫塔維留學期間見證了法國的七月革命，並在《純金的提煉》中介紹了一八一四年憲章（一八三〇年部分修訂），討論了限制君主任意使用權力的三權分立、君主立憲制、以及言論、報導和出版自由等內容。他指出：「法國人以自由之名所追求的，相當於我們所謂的公道與平等。所謂的自由支配，意味著規則與法律的平等。」（*Al-Tahṭāwī, R., Takhalīṣ al-ibrīz fī talkhīṣ bārīz*, Hindawi, 2012, p. 113）

在阿拉伯和伊斯蘭世界的思想傳統中，「自由」這個概念主要指向人格和倫理上的「高尚」，其根源可追溯至古希臘的「非奴隸狀態」。然而，形而上的自由意志則被描述為「選擇」與「自我決定的力量」。因此，阿拉伯文中真正廣泛使用的概念反而是「公道」與「正義」，而非「自由」。古蘭經提醒我們：「你們絕不要因為怨恨一夥人而不公道，你們當公道。」（五：八），要求對萬事萬物保持平衡，這不僅是對真主本性的反映，也是穆斯林虔誠信仰者應具備的品德。

此外，泰赫塔維強調，法國人與阿拉伯人同樣重視語言、熱愛祖國，並追求卓越的倫理觀念。他自豪地表示：「法國人與阿拉伯人的共同點在於勇敢、直言不諱地陳述真理，以及道德的完整性」。談到自由，他更斷言：「自由是法國人所追求的價值……也是阿拉伯人曾經擁有的特質」（Ibid., p. 300）。

與法國這個「他者」的相遇，促使他們重新審視自己所承繼的伊斯蘭思想，並樸實地試圖舉出雙方的共同點。泰赫塔維在後來的教育論著作《少年少女可信賴的指導》[5]中，發展了如下的「置換」邏輯。

文明國家透過理性得出的各種原理與原則，並將其作為法律和文明的基礎，幾乎沒有偏離伊斯蘭法中針對人類活動的各項規定所依據的原理。我們所說的「伊斯蘭法基本原則」，正如他們所說的「自然權利」與「自然法則」，這些都是關於民法的基本理性原則，關乎應當接受什麼、應當拒絕什麼。我們稱之為「公道」與「美德」的東西，他們則稱之為「自由」與「平等」。穆斯林所說的「信仰之愛與遵守」，他們稱之為「愛國主義」。在伊斯蘭中，愛國主義是信仰的一部分，而遵守信仰則是主要的義務（*Al-Ṭahṭāwī, R., Takhalīṣ al-ibrīz fī talkhīṣ bāriz*, 2012, p. 267）。

包含黎巴嫩的布斯塔尼在內的復興第一世代，皆試圖以阿拉伯、伊斯蘭地區的傳統語言掌

5 譯註：《少年少女可信賴的指導》（阿拉伯語：Al-Murshid al-amīn fī tarbiyat al-banāt wa al-banīn ；英語：The Trusted Guide for Girls and Boys）於一八七二年撰寫的教育論著作，主要探討兒童和青少年的教育問題，涵蓋了男孩和女孩的道德、文化和社會教育。書中提出了一種「置換」邏輯，試圖將西方的現代思想與伊斯蘭的傳統價值觀結合起來，並強調理性、公道、美德、愛國主義等理念，意在促進伊斯蘭世界的現代化和文明進步。

握西歐啟蒙思想的許多基本概念。海雷丁帕夏曾任突尼西亞和鄂圖曼帝國的宰相，作為與政治直接相關的人物，他撰寫了《穆斯林諸國所需的改革》[6]，以伊斯蘭傳統為背景，說明了與現代民主相關的概念。例如，當第二代正統哈里發歐麥爾說：「若我為政時脫離常軌，希望各位為我修正。」時，一名追隨者回應：「我向真主發誓，我將以我的劍匡正您。」海雷丁帕夏引用這段歷史，主張議會制度和政治新聞雛形早已存在於他們的歷史中，這些制度能有效制約統治者的專制權力。

此外，中世紀時期的社會學家伊本・赫勒敦（Ibn Khaldun, 1332-1406）將「制約權力」的概念描述為「制約混亂的王權」，而現代人則將其解讀為限制君主權力的一種對抗性權力。他們提出了類似於孟德斯鳩的「君主立憲制」，並認為這一制度的基礎其實存在於伊斯蘭的傳統中，以「解開並連結的人」（名士→議員）或「會議」（協議→議會）的形式呈現。雖然這些制度難以立即應用，但他們認為應該從歐洲的政治制度中學習並採納負責政府、法律制度和報導自由等原則（Khayred-Din, *Essai sur les réformes nécessaires aux États musulmans*, *Édisud*, 1987, pp.97-106）。

「置換」的極限

然而，「置換」畢竟只是「置換」。最大的矛盾在於，法國啟蒙思想是建立在自然權利的現代觀念之上，強調對自由和平等的追求，屬於一種「權利體系」；而伊斯蘭則是一個「義務體系」，其基礎是以「真主的秩序」為前提的宗教規範，並以此作為法源。相比沙里亞（Sharia law，伊斯蘭教法），其核心在於五個層次的規定：「義務」、「嘉許」、「默許」、「可憎」、「禁制」，重點在於這些行為是否「可接受」。即便泰赫塔維再怎麼信奉自然權利思想，他也難以將「所有人生而享有之權利」的理念普遍應用於所有社會與政治層面。而這一矛盾在泰赫塔維對自由的五種分類中也顯得尤為明顯。

泰赫塔維認為，第一種「自然自由」是指像飲食、步行等自然存在的自由；第二種「行動自由」則基於良知、倫理和理性而實現的行動自由。至此，這與自然權利的概念並無太大差異。第三種「宗教自由」是在遵守宗教原則的前提下，選擇信仰與宗派的自由；第四種「公民自由」是指在不違背沙里亞的前提下，公民之間行使權利的自由。而第五種「政治自由」則被定義為「國家自由」，其目的是保障臣民的合法資產與自然自由，但「公民自由」在這裡被忽視（Al-Ṭahṭāwi, *Al-Murshid al-amin...*, pp. 273-277）。關於三權分立，泰赫塔維認為在埃及，立法權、司法

6 譯註：《穆斯林諸國所需的改革》（阿拉伯語：Aqwām al-masālik fī ma'rifat aḥwāl al-mamālik；英語：The Surest Path to Knowledge Concerning the Condition of Countries）是海雷丁帕夏於一八六七年撰寫的一部政治改革論著。他在書中引用了歷史故事，闡述控制專制權力的必要性，並呼籲穆斯林國家學習並適應西方的政治改革模式，同時保持伊斯蘭的核心價值。

權和行政權「在法律條件下合為王權」。因此，他是在「真主主權」與「王的主權」的框架內談論自由，而非「人民主權」。

此外，海雷丁帕夏也提出了自己國族主義（nationalism）的立場，他認為在伊斯蘭世界中阻礙自由與進步的正是「支配者的資質」。

實際上，至今阻礙穆斯林國家逐步推動改革、確立完整政治與行政制度的原因，並非源自古蘭經中提倡自由與進步的經文內容，也不是一般民眾因無力或無知而不得不支持專制體制。更應說，問題在於君主與政治家的漠不關心。因此，這是一個政治和國家層面的課題（Khayr ed-Din, *Essai sur les réformes nécessaires...*, p.142）。

期待一位「賢君」的降臨，可以說是中世紀哲學家法拉比在《道德城市居民所擁有之見解的各種原理》[7]中所代表的傳統理想主義國家論的延續與再創造。然而，隨著殖民統治逐步擴展到阿爾及利亞、突尼西亞、埃及，他們迫切需要一位卓越的領導人來果斷改革內政。海雷丁帕夏擔心，若無能的領導者讓混亂蔓延，「將給外國勢力絕佳的藉口干涉鄂圖曼帝國的內政，使政治違背國家利益」（《道德城市居民所擁有之見解的各種原理》，一一六頁）。在十九世紀末的阿拉伯與伊斯蘭世界的歷史脈絡中，可以清晰地意識到這是未來世代的重要課題。

三、復興第二世代的實踐回應

新政治與「公共領域」的確立

在一八七〇年代後半，逐漸掌握阿拉伯言論界的復興第二世代面臨了全新的政治局勢。隨著鄂圖曼帝國中央政府與埃及引進議會制度，公民與政治自由的思想開始廣泛傳播。然而，許多思想家同時不得不直接對抗專制權力與殖民主義強權，經歷了失敗、被占領以及流亡的痛苦。如果現代西方既是「對話」的對象，又是「對抗」的對手，這個時代的人們便無法輕易表達「同感」。單靠上個世代的「置換」已無法解釋現實，也難以為未來提供思想方向。

在思想家面臨新課題時，政治新聞學的發展為他們提供了助力。率先承擔這一任務的是在阿富汗尼領導下集結的敘利亞基督教團體。埃及具代表性的報紙《金字塔報》（*Al-Ahram*）便由來自敘利亞的塔克拉兄弟創辦，至今仍在發行。在接受西歐啟蒙思想方面，我們必須了解阿迪

7 譯註：《道德城市居民所擁有之見解的各種原理》（阿拉伯語：Kitāb fī mabādi' ārā' ahl al-madīna al-fāḍila；英語：Principles of the Opinions of the Citizens of the Ideal City）探討理想城市的組織與居民應具備的美德，並主張由具備哲學與道德智慧的賢君領導。該書融合了柏拉圖、亞里斯多德的思想與伊斯蘭哲學的傳統，是法拉比對於理想國家理論的完整闡述。

布・伊沙克（Adib Ishaq, 1856-1885）。伊沙克深入研究盧梭與孟德斯鳩的著作，並以現代政治用語如「自由」與「專制主義」取代傳統的「公道」與「壓迫」，發展出條理分明的理論。正如中江兆民的《三醉人經綸問答》[8]中描述的西方紳士一樣，伊沙克與理論家相互切磋，這些後來被稱為「伊斯蘭改革派」的理論家對新「公共圈」的形成貢獻良多。隨著其老師阿富汗尼在伊斯蘭世界中的活躍，促進了鄂圖曼帝國、波斯及印度等地的思想交流。在這樣的背景下，阿拉伯伊斯蘭思想家雖受到傳統思想的制約，但仍共享「時代精神」，並以「現代主義者」的身分展開討論，穆罕默德・阿布都是其中最具代表性的例子。

穆罕默德・阿布都的「啟示與理性之調和」

穆罕默德・阿布都的經歷相當豐富，他原為阿富汗尼社團成員，在烏拉比起義（Urabi Revolution）[9]時期擔任官方報紙總編輯，對埃及輿論形成有重大影響。起義失敗後，他遭英國當局追捕入獄並被流放。在巴黎，他與阿富汗尼合作發行堅固的聯繫》。約在一八八八年，他獲准重返埃及，擔任地方法官、高等法院大法官、艾資哈爾（Al-Azhar）[10]營運委員會委員、大穆夫提和立法會議議員等要職。他還積極參與民間活動，透過著作發展了獨創的神學論、教育論及漸進主義的社會改革論。

阿布都的思想以「啟示與理性的調和」為主旨。雖然他在艾資哈爾大學期間取得優秀成續，但卻未受到保守派教師的重視，這一逸事顯示他堅決拒絕將「因循的知識」視為理所當然。無論是古蘭經、聖訓等經典，還是神學或哲學文本，若沙里亞教義與合理思維相矛盾，則必須持續進行「伊智提哈德」（igtihād）[11]，直至符合「理性」。阿布都主張需要「勇氣」，以解放人類從「因循」的奴隸狀態，擺脫對所有權威的盲目服從。

在對因循知識而進行批判性的解釋時，阿布都與艾沙爾里派（Ash῾arite）的思想產生了深刻共鳴。他並非屬於提倡理性主義的穆爾太齊賴派（Mu῾tazila），也不是重視虔誠的罕巴里派

8 譯註：日本明治時期思想家中江兆民的《三醉人經綸問答》出版於一八八七年，是一部對話體政治論著，透過三位醉酒者的對話探討西方民主思想。書中「西方紳士」代表啟蒙思想，尤其是盧梭的自由與平等理念，闡述現代政治觀點。該書旨在將西方政治思想介紹給日本，激發當時知識分子對民主與改革的思考。

9 譯註：烏拉比起義（Urabi Revolution）是一八八一至一八八二年間由埃及軍官艾哈邁德・烏拉比領導的民族主義運動，旨在反抗鄂圖曼帝國與外國勢力對埃及的控制，推動民族自主與憲政改革。起義最終被英國鎮壓，埃及隨後被英國占領。雖然失敗，起義對埃及後來的反殖民運動有深遠影響。

10 譯註：艾資哈爾是位於埃及開羅的一所著名伊斯蘭學院，成立於九七〇年，最初為清真寺，後來發展成為伊斯蘭教育和學術研究的中心，並在十九世紀末轉型為現代大學。它以對伊斯蘭教法、神學、語言和科學的研究而聞名，並在推廣伊斯蘭教義方面具有重要影響。

11 譯註：「伊智提哈德」意為「解釋」，是伊斯蘭法學的概念，指學者獨立思考和解釋法律問題的過程。當古蘭經和聖訓未明確解答時，學者可根據理性和道德來推理，以尋求合適的法律解釋。

（Hanbali）。艾沙爾里派在這兩者之間，認為人類雖由真主創造，但同時也擁有「自決權」，可以「選擇」自己的行為。這使得人類能夠透過意志區別善惡，履行作為行為主體的責任。對阿布都而言，重要的不是僅僅將傳統文本應用於現實，而是根據時代與社會的需求重新發現文本的內在含義。所有知識需符合實用主義，以確保對現代生活的課題適用且有用。

他的思想充分地展現在代表著作中，如一八九七年出版的《統一的神學》（阿拉伯語：Al-Aʻmāl al-kāmila；英語：The Theology of Unity），或是一九〇二年出版的《伊斯蘭教與基督教對科學與文明的關係》（阿拉伯語：Al-Islam wa Al-Nasraniyya maʻa Al-ʻIlm wa Al-Madaniyya；英語：Islam and Christianity in Relation to Science and Civilization）、《古蘭經註釋》（一九〇五年過世後出版）。此外阿布都也深化了與社會、政治相關的考察。例如，關於哈里發的爭論中，阿布都斷言：「伊斯蘭中沒有宗教性權威。」哈里發既非先知，也不具有解釋伊斯蘭教義的專屬權利。若一個人並沒有卓越的學識、高倫理道德等能力，就可能被共同體的成員罷免。因此他認為哈里發是一個由公民控制的實體，不能等同於歐洲歷史上的「神權政治」（ʻAbduh, M., *Al-Aʻmāl al-kāmila*, Dār al-shurūq, 2006, Vol. III, pp.309-311）。

只要基於理性思考，透過觀察、實驗與證明等有邏輯之科學方法，就可以導出一般的原則與法則。雖這些所謂的「原理原則」（Sunnah，意指穆斯林應遵守的「聖行」或「慣例」），雖然是西方近代思想家以各種方式達成的，但並不意味著穆斯林無法用自己的方法達到相同的結論。

在十九世紀末的阿拉伯世界，不僅敘利亞思想家引入了許多與達爾文主義相關的思想，「文明國家」的殖民統治也加劇了民族存亡危機意識。「適者生存」與「天擇」等生物、社會進化論的思想伴隨著某種迫切的現實感而廣為流傳，儘管這些思想最初被視為「不虔誠者之思想」而受到全面抗拒。然而，根據弟子的傳述，阿布都認為古蘭經中有與這些思想相似的觀點。他引用了古蘭經的章句「要不是真主以世人互相抵抗，那麼，大地的秩序必定紊亂了」（二：二五一），以表明這並不違背伊斯蘭教義（*Al-Manār*, Vol. 8, p.929-930）。

在埃及叛變的時期，阿布都尖銳地分析了社會權力的結構。歸國後，他對穆罕默德・阿里帕夏的專制結構歸納出以下一般原理：

> 政府官員與行政人員體現了掠奪與剝奪的鏈條。這股連結從強大的團體一步步擴散到弱小團體，最後波及到可憐的農民。農民被掐住脖子，渾身沾滿泥漿，血、淚與額頭上的汗水，辛勤地開採者官員們孜孜以求的大地金塊〔國家財富〕。此金塊從最弱小的群體流向強大的團體，最後落入掌握著此連結的末端——統治者之手（Abduh, *Al-A māl al-kāmila*, Vol. I, p.764）。

自希臘哲學傳入以來，阿拉伯與伊斯蘭世界一直存在著濃厚的新柏拉圖主義思想傳統。在此思想的宇宙觀中，真主被視為第一因、第一存在和第一知性。第二知性與第一天圈、第三知性與第二天圈、月圈層、經驗世界以及人類知性，都是階段性、層級性地從真主流出的。阿布都的論述最具啟發性之處在於，他將這種新柏拉圖主義的思考方式應用於政治學與社會學的結構分析。他認為，權力與權威從最高的當權者經由各種中間層流向廣泛的農民及其他群眾。這一觀點再次印證了日本政治學者丸山真男所描述「壓迫轉移的邏輯」。

當啟示與理性和諧統一時，「寬容」的精神便有可能形成。阿富汗尼進一步揭示了他與西方世界對立的態度，指出阿拉伯語中的「taasb」意為狂熱，其字根「asb」意指「紐帶」，並喚起了伊斯蘭世界的團結。阿布都在巴黎之行後未再見到老師，他則以更靈活的方式介紹伊智提哈德。他認為，對「不信道者」不輕易貼上標籤是伊斯蘭的原則。他說：「即便一個人在一百個面向被認為是不信道者，只要能在某個面向見證其信仰之心，那麼該人就是擁有信仰的。絕對不可譴責其信仰不虔誠」（'Abduh, *Al-A māl al-kāmila*, Vol. III, p.304）。

簡而言之，阿布都強調，在他認為無法完全將世俗與宗教分離的社會中，應將伊斯蘭視為「統一的人」，成為不會因信仰與現代生活之間矛盾而導致內部分裂的新精神的源泉。這一觀點不僅超越了封閉和自足的宗教知識，還體現了與現實世界和時代要求的開放性與寬容性。因此，阿布都的伊斯蘭思想可以被視為極具「啟蒙」意義的思想。

在追求「統一之人」理念的過程中，阿布都從世界中汲取了豐富的知識。其中，他在四十歲時為了學習法語而背誦大仲馬小說的故事非常著名。他的書庫中不僅有許多伊斯蘭思想史上的著作，還包括盧梭的《愛彌兒》、康德的《純粹理性批判》、史賓賽的《教育論》以及托爾斯泰的《戰爭與和平》等作品。在寫給托爾斯泰的信中，阿布都讚揚其作品：「您的言辭是知性的指引，您的著作喚醒了人們的決心與關注，您的見識是迷惘者的光明，您的身影是追尋者的榜樣，您的存在同時是對富者的警示，亦是對貧者的關懷」（'Abduh, *Al-A'māl al-kāmila*, Vol. II, p.361）。由此可見，身居當時埃及最高地位的伊斯蘭導師阿布都，切實實踐著從世界文學中汲取普世人本主義的態度。

四、第三世代的啟蒙派與其繼承人

啟蒙派與回歸傳統派的分裂

阿布都的思想無疑存在各種限制。事實上，與主張「三權合一論」的泰赫塔維，或是將東方國家的「民族自由」擺在首位的阿富汗尼相比，阿布都的思想更為自由。然而，在回顧烏拉比起義時，當時的埃及民眾和統治者都「認為自己已經做好了擁護自由的充分準備」（'Abduh, *Al-A'māl al-kāmila*, Vol.I, pp.768-767），但對於政治層面的「自由」，實際上仍顯得有些猶豫不決。

然而，對阿布都思想產生共鳴的伊斯蘭改革派思想家當中，也有一些人進一步捍衛自由價值。阿卜杜勒・拉赫曼・卡瓦基比（Abd al-Rahman al-Kawakibi, 1855-1902）來自敘利亞的阿勒坡，他在鄂圖曼帝國蘇丹阿卜杜勒・哈米德二世的專制體制下，遭受公然壓迫時著作了《專制的本質》（*The Nature of Tyranny*, 1902）一書，並對「個人的自由」與「政治自由」的相互依存關係做了如下論述：

> 專制主義的人們受專制君主統治，自由的人們則被自由的人統治。很顯然，「你會變得越來越像囚禁你的人物」。最佳的狀況就是那些受囚於此地的人能得到解放，並獲得自由（Al-KawākibīA. R., *Al-A 'māl al-kāmila*, Markaz dirāsāt al-wah. da al-'arabiyya, 1995, pp.441-442）。

卡瓦基比認為，專制體制並非宗教，而是不良「習俗」的產物。無論是壓迫性的統治形式，或是潛藏在民眾心中的思考方式，習俗皆獨立於宗教之外，而且需要自行改革。而長久以來不被談論的女性隸屬狀態也是如此。卡西姆・阿敏（Qasim Amin, 1863-1908）在《女性解放》（阿拉伯語：*Tahrir al-mar'a*，英譯：*The Liberation of Woman*, 1899）中解釋了區分宗教和習俗的必要性，尤其是在「希賈布」（Hijab，穆斯林女性用於覆蓋臉部的頭巾）問題上。

> 現有的希賈布並非我們獨有，也並非最初由穆斯林所使用。相反，它是一種幾乎存在於所有國家的普遍習俗，隨著社會需求的變遷和發展趨勢而自然消失。因此，我們必須從宗教觀點

和社會角度深入探討這一重要問題（Qasim Amin, *Al-A'māl al-kāmila*, Dār al-shurūq, 1989, p.351）。

阿里・阿卜杜勒・拉齊克（Ali Abdel Raziq, 1888-1966）的《伊斯蘭與統治的基礎》（英譯：*Islam and the Foundations of Governance*, 1925），與塔哈・海珊（Taha Hussein, 1889-1973）的《關於前伊斯蘭詩學》（英譯：*On Pre-Islamic Poetry*, 1926）等著作，都繼承了這種透過理性思考，將習俗與傳統從宗教的視角中分離出來，並在歷史和社會背景下加以解讀的態度。然而，自一九一〇年代以後，隨著殖民主義直接統治的加強，一種強調啟示而非理性的回歸主義思潮開始興起，並要求「嚴格解釋」神學文本。拉希德・里達（Rashid Rida, 1865-1935）在一九二二年首次於《燈塔》（*Al-Manār*）雜誌上發表的《哈里發或偉大的伊瑪目》（*The Caliphate or the Supreme Imamate*）中，呼籲復興以傳統「伊智提哈德」為核心的哈里發制度。而此一思潮隨後被穆斯林兄弟會（Muslim Brotherhood）[12]的創始者哈桑・班納（Hassan al-Banna, 1906-1949）及其理論支柱賽義德・庫特布（Sayyid Qutb, 1906-1966）

12 譯註：「穆斯林兄弟會」是一個跨國的遜尼派伊斯蘭主義組織，於一九二八年由伊斯蘭學者哈桑・班納在埃及創立。該組織最初作為泛伊斯蘭主義的宗教和社會運動，致力於在埃及宣揚伊斯蘭教，教授文盲，並建立醫院和企業，其目標是建立一個依照伊斯蘭教法統治的國家。該組織自二〇一三年以來在埃及被禁止，並被多國列為恐怖組織。

等人所繼承及發揚。

因此，當近代西方思想被一概視為物質主義和享樂主義而遭到否定的同時，聖戰（Jihad）卻被聯繫到甜蜜的自我犧牲，甚至是暴力行為。而在伊斯蘭思想史中，「啟蒙」時代則被認為已經宣告結束。

伊斯蘭「啟蒙」思想的再解釋

一九九〇年代，伊斯蘭啟蒙思想再度引起關注，特別是在埃及和敘利亞。一方面，它被視為對民族主義時代「過度世俗化」的反思；另一方面，它也被解釋為一種「開放智慧」，用以對抗激進伊斯蘭主義對人們所產生的巨大影響。由於公民社會與國家之間的健全平衡尚未達成，因此也意圖確認國家在政治和社會改革方面的「共同基礎」。在這一背景下，阿布都等人活躍的十九世紀至二十世紀初被強調為「復興」與「啟蒙」思想的開端。

關於勒南所提出的問題，即是否應為了社會發展而削弱或強化伊斯蘭，實際上並非重點。相反，當代思想家所面臨的迫切課題是誠懇地與西方展開對話，從根本上理解西方，同時在世俗與宗教密不可分的情境中，根據社會獨特的傳統與精神結構，制定切實可行的改革方法。在這個意義上，伊斯蘭啟蒙思想持續從「他者」的視角尋求「自我」的更新，並對那些尋求新普遍性的現代繼承者而言，仍是持續反思的文化源泉。

延伸閱讀

萊拉・艾哈默德（Laila Ahmed），林正雄等譯，《伊斯蘭中的女性與性別：近代爭論的歷史根源》（*Women and Gender in Islam: Historical Roots of a Modern Debate*，法政大學出版局，二〇〇〇年）——特別是在第八章〈關於面紗的言論〉裡，除了介紹卡西姆・阿敏的《女性解放》，並詳述了此著作對當時及後世輿論的影響。

飯塚正人，《現在伊斯蘭思想的源流》（山川出版社，二〇〇八年）——概括描寫了關於「真正的伊斯蘭」的各種思潮的歷史，並全面論及了所有章節出現的每位思想家之觀點。

松本弘，《穆罕默德・阿布都：伊斯蘭的改革家（世界史人小冊書）》（山川出版社，二〇一六年）——了解阿布都的最佳文獻資料，描述其一生追求「啟示與理性的調和」以及整體改革思想。

歷史學研究會篇，《世界史史料8帝國主義與各地的抵抗I：南亞、中東、非洲》（岩波書店，二〇〇九年）——在第二章介紹了十九世紀的鄂圖曼帝國，收錄了許多一手資料翻譯及解說，包含阿拉伯地區、波斯、阿富汗等大範圍地區之民族、宗教思想。

CHAPTER

nine

第九章

中國的情感哲學

石井剛

中国における感情の哲学

一、「中國的文藝復興」

在「情動轉向」時代

在筆者撰寫此原稿的當下，新型冠狀病毒肺炎（COVID-19）仍在肆虐。這是一種在不知不覺中傳播隱形病原體的流行病，也是一種尚無治療方法的新疾病，人們為此感到惶恐不安。有些人認為社群媒體存在著傳統大眾媒體無法傳達的真相，因此這些資訊就在未辨別真偽的情形下被廣傳。在這種狀況下，最重要的就是保持冷靜，聚焦於科學根據，並且「正確地恐懼」。所謂「正確地恐懼」，是基於客觀證據與科學知識安撫恐懼的情緒，並理性因應。

的確，情緒有時會失控，所以必須靠理性來控制，因此，我們抱持著「理性最重要」的思維生活著。但心靈哲學研究者信原幸弘則建議我們改變對情感與理性關係的慣常認知。換句話說，我們不應該認為理性更重要、更正確，而應該視理性為情感的助手。

近年來，「情動轉向」（affective turn）[1]一詞頻繁出現。理性與情感的二元對立，不僅支撐

1 譯註：「情動轉向」指的是學術界在二十一世紀初期興起的一股理論潮流，強調情感、情動在社會、文化和政治領域中的關鍵作用。這一轉向挑戰了以往過度依賴理性、語言和結構分析的傳統，主張情感是理解社會現象和個體經驗的重要維度。

了現代科學技術的發展，也催生了自然主義等潮流，將個人內在的自由與「自然」相結合。儘管科學理性與自然看似對立，卻作為一對互補的價值體系而受到推崇，共同支撐了現代個人主義。在以人工智慧（AI）為代表的二十一世紀新技術時代，我們或許需要重新審視人類的意識，特別是對生活愉悅感和對他人的依戀等情感的體會，從不同於啟蒙時代理性／情感關係的視角來探討。信原的關注似乎正呼應了這一趨勢。

根據信原的觀點，情動（信原不稱其為情感）是我們需要長時間鍛鍊的，並且在這個過程中，我們將逐漸減少犯錯。經過這樣培養出的情動能力，是人生幸福的關鍵，而理性的作用正是為了鍛鍊情動。

> 鍛鍊情動能力需要耗費極長的時間。當我們的情動能力出現與情境價值不符的情動時，我們必須反覆運用理性來控制和調整情動，以逐步改善情動能力，最終達到能幾乎完全符合適切情緒的情動能力。（信原幸弘，《情動的哲學入門》勁草書房，二〇一七年，頁vii-viii）

讀到這段時，我不由自主地（情感上）拍案叫好。因為這裡所闡述的內容，與中國哲學長期討論的議題息息相關。信原在此前引用了孔子的名言「七十而從心所欲，不踰矩」（《論語．為政》），我認為這與作者的主張產生了深刻的共鳴，絕非偶然。

惻隱之心

我們的出發點是《孟子》一書中的以下論點，它反映了戰國時期哲學家孟子（西元前三七二—前二八九）的思想。

今人乍見孺子將入於井，皆有怵惕惻隱之心。非所以內交於孺子之父母也，非所以要譽於鄉黨朋友也，非惡其聲而然也。（《孟子・公孫丑上》）

作者譯文：假設我們看到小孩將要掉入井中，任誰都會感到驚慌，並產生惻隱之心。這並非因為我們熟識小孩的雙親，也並非想得到鄰里朋友的讚賞，更不是怕自己名聲受損。

「惻隱之心」是指看到一個小孩即將掉入井中時，心中自然湧現的憐憫之情。這不禁讓人聯想到盧梭所稱的憐憫之情——「先於一切反思的自然純粹衝動」（《論人類不平等的起源》本田喜代治、平岡昇譯，岩波書店，一九三三年，頁七二）。孟子認為，惻隱之心是人們與生俱來的善良本質的開端。[2]看到孩子快要墜井時，無論是誰，心中都會自然而然地衝動湧現出憐憫之情。

2　譯註：《孟子・公孫丑上》：「惻隱之心，仁之端也。」

這種情感並非根據某社群（如家庭或地區）的道德觀念所進行的反思性判斷，而是瞬間迸發的。這種「不忍之心」如同四肢般，與生俱來，並且會不斷擴展，如同泉水匯流入海般，最終形成「仁」，達到中國哲學中至善的道德境界。

然而，當我們目擊孩子遭遇危機時所湧現的情感，如何才能昇華至至善的境界？事實上，我們可能在情緒驅使下，脫離理性的指引，根據當下情況感性地決定行動，從而犯下錯誤。在新冠疫情肆虐的今日，我們必須警惕情感失控可能帶來的嚴重後果。然而，孟子認為，由衝動驅動的情緒性行動，並非背離理性，而是通向善的起點。

中國「情感哲學」的誕生

以下，我們將回顧中國哲學是如何談論《孟子》的。在此特別要關注的是戴震（一七二四—一七七七），他生於清代雍正年間的中國安徽省，此時清朝嚴格地限制言論，被稱之「文字獄」。但戴震對《孟子》的詮釋，將中國的情感哲學推向了現代。在二十世紀上半葉，梁啟超（一八七三—一九二九）認為隨著戴震哲學的出現，中國哲學史便從「理性哲學」時代進入了「情感哲學」時代。他將此轉變描述為文明的轉變，就如同歐洲文藝復興運動高舉「希臘的情感主義」取代了基督教的禁慾主義，從而實現了人類解放。（《清代學術概論》、《飲冰室合集》之三四，中華書局，一九八八年年，頁三〇—三一）

戴震的「情感哲學」尤其體現在他晚年的著作《孟子字義疏證》中，該書深入詮釋與闡釋《孟子》的各種概念。然而，他究竟闡述了什麼？

今既截然分理欲為二，治己以不出於欲為理，治人亦必以不出於欲為理，舉凡民之饑寒愁怨、飲食男女、常情隱曲之感，咸視為人欲之甚輕者矣。輕其所輕，乃「吾重天理也，公義也」，言雖美，而用之治人，則禍其人。（《孟子字義疏證．卷下．權》，《戴震全書》六，頁二一七）

作者譯文：將「理」與「欲」嚴格區分，認為能不被欲望驅使而自律者為理，而且在掌權時也應如此，這才是真正的理。因此，對於因飢餓受凍而感到哀愁怨恨，或對飲食和男女之欲的渴求等理所當然的情感與難以言明的想法，都被視為無足輕重的人欲。那些高舉「天理為重，是公共正義」的旗幟，卻以此自居於他人之上的人，最終只會對他人造成傷害。

這種現象不僅僅是由雍正皇帝激烈的政治打壓所造成的。在當時的中國，朱子學派的「餓死事小，失節事大」思想籠罩著人心，過度的道德主義使弱者的痛苦更加嚴重。在這種氛圍下，道德的正確被視為「理」，而偏離道德的欲望（即恣意妄為）則受到嚴厲的譴責。針對這種情況，戴震提出了質疑：「理性與情感真的有衝突嗎？」他認為，理性並非是脫離人類情感而超然存在的事物，而是立基於情感之上才能得以成立：

理也者，情之不爽失也。未有情不得而理得者也。（中略）天理云者，言乎自然之分理也自然之分理，以我之情絜人之情，而無不得其平是也。（《孟子字義疏證．卷下．權》，《戴震全書》六，頁一五二）

作者譯文：「理」是「情」的平衡點，只有當情感得到滿足後，理性才能得以實現。（中略）所謂的天理，是指自然的分理。自然的分理，是根據自身的情感去推測他人的情感，從而達到平衡的狀態。

戴震並不認為理性與人的情感是互相排斥的。他主張，理性應該建立在彼此情感能夠相互理解、推測並達成平衡的基礎上。這是因為在當時的社會中，雖然人人皆有相同的情感，但因社會地位的高低差異，人的自然情感常無法得到承認。唯有當每個人的欲望和情感的自然流露被視為理性的基準，人們才能安心生活。然而，戴震所處的時代並非如此，理性的標準被專橫的酷吏掌控，依據法令隨意行使權力。為了讓當權者能將其恣意的決策冠以「理」之名，御用學者便將理的原本意義加以扭曲。戴震憤慨地指出：「因法而死的人，尚有人會同情；但若是因理而死，則無人會憐憫。」（同前揭書，頁一六一）[3]他認為，理性最終被上位者以道德之名所濫用。古代的學問並非如此，而理性論為道德教條的工具，則是宋代以來學術發展的結果。

宋代理學在日本被稱為朱子學，其集大成者朱熹（一一三〇—一二〇〇）極為重視「理」的概念，並將其視為世界的根本。他將事物與現象的「為何如此」（所以然）和其本來「應該如何」（所當然）都稱之為理。而情感的流露被視為從「所當然」之理的偏離。戴震認為，當理被作為獨立的道德基準時，當時的執政者便以「天理」作為控制人民的手段。因此，他透過訓詁學重新定義理性，將理性解釋為「觀察至細微部分並加以區分的概念」，即「分理」。由於這種區分是有條不紊且符合邏輯的，因此也稱為「條理」。簡言之，理指的是一種具規則與法則的條理性，而在倫理關係中則體現在人與人之間情感的平衡。這便是戴震的觀點。

梁啟超在解釋戴震的「理」時，借鑑了西方近代啟蒙主義中關於理性與情感的二元論觀點，並認為戴震的哲學標誌著中國情感哲學的誕生，同時也是中國近代哲學的開端。梁啟超的這一評價，是在認識到盧梭、亞當·史密斯（一七二三—一七九〇）和康德（一七二四—一八〇四）與戴震生活於同一時代的背景下提出的。

3　譯註：「人死於法，猶有憐之者；死於理，其誰憐之。」

二、關於性與情的中國哲學議論

從朱熹到王陽明

嚴格區分「理」與「欲」，並將後者僅視為惡的思想，與《孟子》的教誨有所不同。至少在戴震的主張中，他對當時以朱熹道德觀為主導的社會提出了批判。

然而，實際上戴震的思想與朱熹的思想似乎並無太大差異。無論是戴震還是朱熹，他們的論述基礎皆立足於孟子的思想。因此，朱熹的觀點不至於如戴震所特意否定的那樣截然不同。孟子云：「只要順從情感，本性就能為善。」（《孟子・告子上》）[4]對孟子而言，情感本身並非應該被否定的事物，而是引導人性向善的契機，對此朱熹亦同。朱熹曰：「惻隱之心、羞恥之心、謙讓之心、分辨是非的心屬於情，而仁義禮智屬於性。心則是調節和掌控著性與情的。」（《孟子集注》卷三，《四書章句集注》中華書局，一九八三年，頁二三八）[5]在此並沒有任何貶低情感的論述。

然而，對於朱熹來說，如何理解「情」仍然是一個棘手的問題。仁、義、禮、智被視為善的道德，而孟子卻認為情感只是這些道德的「契機」或開端。從性善論的角度來看，情感應該被視為善的一部分，但孟子對此持保留態度，認為契機僅僅是契機，不能直接等同於善。事實上，這種保留態度在某種意義上是不可避免的，因為儘管性善是人類應有的本性，邪惡仍然存在於這個世界上。

以朱熹為代表的宋代理學，試圖用他們的方式來應對這一問題。他們將「性」區分為「本然之性」和「氣質之性」。前者不僅是自然的善，而且被視為「理應如此」，因此與理相同，這就是朱子學中著名的命題「性即理」。另一方面，氣質之性則與情有著相似的含義，其本身不能直接被定義為善或惡，但當偏離了本然之性時，就可能轉變為惡。因此，「惻隱之心」只能被稱為一個契機。朱熹的性理學說，為理（作為應然的道德之善）與情（人心在現實中可能被玷汙而產生的變化）之間的二律背反提供了理論基礎。

在嘗試克服這種分化問題的過程中，明代的王守仁（陽明，一四七二—一五二九）提出了一種極端的解決方式，即承認心中湧現的情感本身就是善的體現。正如「滿街皆是聖人」這句話所說，到明代末期，肯定人類欲望的思想逐漸興起，這被普遍視為對朱子學道德嚴格主義的反動。王陽明認為，正是因為情感的自然流露，我們才依賴心的判斷力（即「致良知」）來進行道德選擇。正因如此，梁啟超讚譽他為「中國的康德」，而戴震則認為，王陽明將傳統的陽明學

4 譯註：「乃若其情，則可以為善矣。」

5 譯註：「惻隱、羞惡、辭讓、是非，情也。仁、義、禮、智，性也。心，統性情者也。」

昇華為「新知行合一」的哲學，並給予高度評價。

但無論是「致良知」還是「知行合一」，似乎都難以有效抑制因欲望膨脹與偏差而引發的現實之惡。朱熹在理性中發現了道德規範「應然」的一面，這本身並非一道無法解決的難題。事實上，戴震也曾說過：「言性之欲之不可無節也。節而不過，則依乎天理。」

作者譯文：本性中所具備的欲望並非不可節制，而是在不過度的節制下，才是依循天理的行為。（《孟子字義疏證．卷上．理》，頁一六二）[6]戴震的批判針對的是「以天理為正、人欲為邪」的理欲二分法的錯誤。與其說他是在批判朱子學的思想，不如說是批判了朱子學所依據的意識形態。

「情」究竟為何物

當我們從人類的現實層面出發時，不得不正視「惡」的存在——這可以說是在中國哲學的歷史中備受關注的問題。特別是《孟子》的思想建立在性善論的基礎上，為何在人們同樣擁有「善的契機」的情況下，依然會產生惡行？這是一個無法迴避的疑問。孟子云：「培養內心最好的方法就是減少欲望。」（《孟子．盡心下》）[7]這並非任由情欲肆意發展，也不是壓抑情欲至無欲，而是提倡「減少欲望」（寡欲）。

事實上，這與如何理解「情」這個漢字的意義密切相關。正如「實情」一詞所示，「情」

並不僅僅指「感情」，「實情」和「情況」也屬於「情」的範疇。「感情」和「情況」都可以理解為事物的實際狀態。以「抒情」一詞為例，它通常被認為是表達某種感傷情緒，但屈原（西元前三四三—前二七七）在形容自己詩作時，是否真的帶有這層含義，已無法確定。屈原因未被祖國重用而「發憤抒情」，這既可以理解為抒發內心的憂憤，也可以解釋為他揭示真情的決心。後者的觀點，正是戴震所提出的（《屈原賦注》第四卷「九章」，《戴震全書》三，頁六六一）。

孟子所說的「只要順從情感，本性就能是善的」[8]，戴震認為不應將其簡單理解為憐憫之心或好惡之情，而是指人的樸素生活狀態和現實情境。戴震批評朱熹未能領會這一點，因此無法正確解讀《孟子》的思想。

從「自然」到「必然」

對於戴震來說，最重要的是情欲與知性之間的區別。他認為，如果將兩者混淆不清，人就

6 譯註：「言性之欲之不可無節也。節而不過，則依乎天理。」

7 譯註：「養心莫善於寡欲。」

8 譯註：《孟子・告子上》：「乃若其情，則可以為善矣。」

會失去作為人的根本理由。為了強調這一點，戴震首先批評了朱熹的理解，因為他認為朱熹在很大程度上沒有區分清楚欲望的偏差與理智的失常。

有生而愚者，雖無欲，亦愚也。凡出於欲，無非以生以養之事，欲之失為私，不為蔽。自以為得理，而所執之實謬，乃蔽而不明。天下古今之人，其大患，私與蔽二端而已私生於欲之失，蔽生於知之失。（《孟子字義疏證．卷上．理》，頁一六〇）

作者譯文：一個人生來愚鈍，即使沒有欲望，依然是愚鈍的。由於所有欲望的產生都與生命的維持和成長相關，因此欲望的偏差被稱為「私」，而非「蔽」。若一個人自以為掌握了道理，實際上卻理解錯誤，那麼他就陷入了「蔽」，即認知受阻而無法明察。無論古今中外，對每個人而言，最大的禍患莫過於「私」與「蔽」。「私」源於欲望的不正確，而「蔽」則源於知識或認知的錯誤。

朱熹認為，儘管人們被賦予了優秀的品德（明德），但之所以未能成為優秀之人，是因為「人欲所蔽」（《大學章句》、《四書章句集注》，中華書局，一九八三年，頁三）。然而，戴震則認為，欲望不屬於知識的範疇，因此稱其為「蔽」是不恰當的。真正的問題在於欲望過度，導致利己主義（即「私」）。

欲望是人類作為有血有肉的生命體自然擁有的現實，因此，表現欲望是理所當然的，而讓人們能夠順利實現其欲望，正是聖人政治的責任。關鍵在於確保這些欲望得到正確的引導，而不至於陷入利己主義的專橫。在戴震的時代，理性成為權力者肆意壓迫他人的工具。然而，這並非因為理性與情感本質上是對立的，而是因為權力者可以隨心所欲地操控情感。對欲望的壓抑，其根源在於壓抑者自身的欲望過度放縱。正因如此，戴震在「情感的平衡」中尋求理性。他主張，理性即是情感的平衡，這一觀點既承認人類的自然欲求，也強調遵循事物的真實法則。而認識這種法則的能力只能透過理智來實現。戴震認為，人之所以為人，正是因為人擁有理智。

事物的本質狀態（情）與從中獲得的規律性（理），兩者是統一的。戴震進一步指出：

詩曰「有物有則」是也。物者，指其實體實事之名；則者，稱其純粹中正之名。實體實事，罔非自然，而歸於必然，天地、人物、事為之理得矣（《孟子字義疏證．卷上．理》，頁一六四）。

作者譯文：《詩經》有句話說：「有物有則。」其中的「物」指實際存在的事物，而「則」則是事物內在的純粹和中正之理。所有事物皆順應自然，透過探究其必然性，可以掌握天地、人物、萬物之間的規律與道理。

戴震認為，我們每天接觸的各種事物皆屬於「自然」，而其中蘊含的法則則是「必然」。自然與必然是兩者合一的存在。作為有血氣且具智慧的生命體，人類與其他動物同樣是自然的存在。然而，若要特別尋找人類與動物的差異，那就在於只有人類能夠觀察自然，並從中揭示必然的規律。對戴震而言，這是一個令他非常滿意的解釋，因為它似乎解決了朱子學關於「情感可能墮落為惡」的難題。惻隱之心、羞惡之心、敬畏（辭讓）之心、是非之心，都是通往仁義禮智等善德的開端。換言之，這承認了從自然到必然的可能性，人類能透過知性的學習達到必然，也就是達成善。因此，性雖然是所有生物所共有的，但只有人類的性為善。這是因為人類能夠觀察自然的狀況，認識其中的必然法則，並從自然情感出發，實現善的德性。這正是人類本性善良的根本原因。

三、日常生活中的學習

禮的作用

人之所以為善，不在於生來就具備善的德性，而在於他能夠在人性中成長。戴震認為，人性之所以向善，是因為人具備學習和成長的潛力，而不是因為情感受到不良氣質的玷汙而變為惡；也不是說情感可以直接透過內在的道德判斷力來發揮善的作用。他認為，驅動人們積極學習的動力，並非來自理性或道德判斷，而是來自惻隱之心這種「先於一切反思的自然衝動」。這種自然衝動不僅限於憐憫之情，恐懼、依戀等情況下產生的各種情感，同樣可以成為學習的起點。例如，《論語・陽貨篇》中提到：「唯上知與下愚不移。」這是孔子對最智慧與最愚笨者不可改變的感嘆，對此，戴震有以下見解：

> 生而下愚，其人難與言理義，由自絕於學，是以不移。然苟畏威懷惠，一旦觸於所畏所懷之人，啟其心而憬然覺寤，往往有之。苟悔而從善，則非下愚矣；加之以學，則日進於智矣。（中略）故曰不移，不曰不可移。雖古今不乏下愚，而其精爽幾與物等者，亦究異於物，無不可移也（《孟子字義疏證・卷中・性》，頁一八五）。
>
> 作者譯文：我們難以與生而愚昧之人談論理義，因為這些人往往拒絕學習，這被稱為「不移」。然而，當他們感受到恐懼或溫情時，遇到能帶來這些情感的人，往往會敞開心扉，積極覺醒。如果他們能夠悔改並遵循善道，就不會再愚笨；若繼續努力學習，則會逐漸變得更加智慧。儘管他們被稱為「不移」，但並不意味著「不可移」。雖然自古至今確實存在不少愚笨之人，但深入思考，他們的精神與動物之間確實存在差異，因此並不是「不可移」。

因此，戴震認為，人們透過學習便能夠重新解讀具體情況與情感的本質，並將其鍛造成有條理的必然性和應有的善。這樣描繪出的必然世界，既是理，也是禮。

有自然之條理，觀於條理之秩然有序，可以知禮矣。（《孟子字義疏證．卷下．仁義禮智》，頁二〇五）

作者譯文：自然中蘊含著條理，透過觀察這些條理所展現的秩序，我們便能夠理解禮的內涵。

戴震在此將「禮」比喻為必然的秩序。這不禁讓人聯想到與孟子持相反立場的荀子（西元前二九八—前二三五），他主張性惡說，在儒家哲學中被視為異端。荀子認為，禮的起源來自人類與生俱來的欲望。他指出，人天生就有欲望，為了防止這些欲望引發爭端，因此制定了禮來「養人之欲」。這種在情欲與社會秩序之間尋求平衡的思想，與戴震對理的理解不謀而合。荀子的性惡說並非對人性進行超越性的思考，而是基於對人類實際情況的觀察得出的結論。他提到，「如果任由人性和情感自由發展，就必然會導致爭奪和秩序混亂」，因此「人性本惡是顯而易見的」。（皆見於《荀子．性惡篇》）9

在這裡，朱熹等人在解釋《孟子》時所面臨的問題並不存在。《荀子》的文本進一步指出，禮的制定是基於人類歷史，旨在防止情感的失控。而被稱為「作為」（在《荀子》中表達為

「偽」）的行為，恰恰是人類善良的體現。荀子認為，透過土壤的捏造和木材的雕刻，改變自然中樸素的情況，正是人類成為善人的過程。因此，禮成為規範人類行為的準則，同時也由人類的「偽」所形塑。

戴震則認為，為了防止天下情勢的混亂，禮是必不可少的。禮是根據世界的秩序法則（即「理」）而制定的，能在情感過度時加以抑制，而在情感不足時則加以促進。禮的存在不僅僅是為了形式上修補紊亂的情感，更是一種刻意的表現行為，旨在恢復情感的平衡。這與《荀子》中提到的「經過深思熟慮和反覆的偽行，從而產生禮和規範」[10]的觀點相呼應。人們從日常生活中學習，這些生活由無數情感構成，透過合理分配這些情感，便能形成秩序，從而認識這個世界的條理。因此，禮是一種刻意的表現，旨在使情感的平衡達到適度的狀態。

為了不在瞬間的判斷中出錯

人們透過日常的禮儀實踐，或鍛鍊情感，或安撫情感。戴震似乎是悄然透過《荀子》來豐

9 譯註：「然則從人之性，順人之情，必出於爭奪，合於犯分亂理，而歸於暴。故必將有師法之化，禮義之道，然後出於辭讓，合於文理，而歸於治。用此觀之，人之性惡明矣，其善者偽也。」

10 譯註：「積思慮，習偽故，以生禮義而起法度」

富《孟子》中關於善的思想。讓我們再次回顧信原的情動論。情動在理性的控制下逐漸被鍛鍊，最終使人們能夠適度表達情感。另一方面，根據我們對中國哲學的討論，基於情感的持續學習過程是透過「禮」來加以控制，而非僅僅依賴理性。在日常的禮儀中學習，即使在和平的日常生活中面對道德受到威脅的瞬間，我們也能夠發揮惻隱之心，並透過情感之力展現善行。

《孟子》曾有下列故事：

有位名叫淳于髡的人問：「男女不直接進行物品的交接是否算是禮？」孟子回答：「這算作禮。」他接著問：「那麼，當嫂嫂溺水時，伸手去救她又算什麼呢？」孟子回應：「如果嫂嫂溺水而不伸手去救，那就像狼一樣。」他強調，男女不直接進行物品的交接是禮，而伸手去救則是權。（《孟子．離婁上》）[11]

人類獨特的人性，往往在危機時刻被惻隱之心激發出來。在這一瞬間，人會根據情況選擇即時的反應，這就是所謂的「權」。權意味著像用天秤來衡量輕重。孟子對於那些過於拘泥於原則而無法根據實際情況做出適當行動的做法表示不滿。重要的是，透過日常的學習來鍛鍊情感，讓人能在任何情況下做出正確的判斷。透過這種反覆的學習，人將逐漸展現出仁愛的善性。而禮則是透過日常的身體動作而不斷學習的方式，使我們能更好地掌握瞬間的衝動。

順帶一提，尤瓦爾・諾瓦・哈拉瑞（Yuval Noah Harari）探討了當人工智慧演算法進步後，使用「利他主義者」（altruist）和「利己主義者」（egoist）兩種模式來生產和銷售汽車會發生什麼情況。如果駕駛者的車在緊急情況下即將撞上前方的兩個小孩，那麼會選擇利他主義者款式的車的人，會願意為了保護孩子而犧牲自己的安全；而那些寧願奪走孩子的性命來保護自己的人，則會選擇利己主義者款式的車。銷售公司唯一的使命是滿足顧客需求，因此不會因為銷售利己主義車型而受到指責。此外，當顧客購買新車時，還可以根據自己的喜好來設定，這樣在發生車禍時就能決定「是要犧牲自己的生命，還是奪走對方的生命」。或許「電車難題」（trolley problem）將很快得到解決（《21世紀的21堂課》，柴田裕之譯，河出書房新社，二〇一九年）。

演算法可能會影響人們的情感習慣，未來我們的決策或許會逐漸交由它來處理。到時我們是否還能保有瞬間湧現的憐憫之心呢？我們剩下的可能性，或許在於銘記科技本身就是荀子所說的「偽」，並持續努力創造出更符合人類情感的人工智慧。當我們談到「鍛鍊情感」時，應該記得情感也是現實。我們的「偽裝」不僅影響情感，還涉及周遭的一切環境。

哈拉瑞主張，人類不僅應投入資源開發人工智慧，也應同等重視提升人類的意識，因為人

11　譯註：淳于髡曰：「男女授受不親，禮與？」孟子曰：「禮也。」曰：「嫂溺則援之以手乎？」曰：「嫂溺不援，是豺狼也。男女授受不親，禮也；嫂溺援之以手者，權也。」

心仍是需要探索的未知領域。然而，正如我們在本章所見，在中國哲學中，「心」是一個器官，能使內在情感與外部情況共同作用，並透過禮的實踐來規範日常行為。心中始終懷有善的「契機」，透過日常生活中的行為來改變自己和周圍的環境。這一過程本身就是情感的鍛鍊和善的感性展現。孟子提到，正如追求美味、陶醉於優美的音樂、欣賞美麗的風景，這一切都基於對理義的喜悅（《孟子・告子上》）[12]。我們應該牢記這種源自樸素情感的善良人性，努力過好每一天。這不僅是為了避免情感的失控，還能成為阻止理性和科技失控的基礎。

延伸閱讀

麥克・普鳴（Michael Puett）、克莉絲汀・葛羅斯・駱（Christine Gross-Loh），熊谷淳子譯，《改變哈佛生人生的東方哲學》（*The Path: What Chinese Philosophers Can Teach Us About the Good Life*，早川書房，二〇一六年，文庫版二〇一八年）——本書探討了中國哲學中「禮」的概念及其最具魅力的「象徵」，這不僅是對《荀子》中禮的現代新解，也是戴震思想的深遠延伸。

弗朗索瓦・朱利安（François Jullien），中島隆博、志野好伸譯，《為道德奠基：孟子vs.康德、盧梭、尼采》（*Establishing Morality: Mencius vs. Kant, Rousseau, and Nietzsche*，講談社現代新書，二〇〇二年／講談社學術文庫，二〇一七年）——這項研究促進了孟子哲學與啟蒙思想後的歐洲近代哲學之間的對話，為孟子的新理論開創了新的道路。本書的意義體現在中島隆博的闡釋中。

石井剛，《戴震與中國近代哲學：從漢學到哲學》（知泉書館，二〇一四年）——在此拙著中，敝人指出，以從日本引入的翻譯詞「哲學」為基礎，二十世紀的中國近代哲學構建的嘗試，其實是圍繞對戴震「理」概念的解釋而展開的。

中島隆博，《惡之哲學：中國哲學的想像力》（筑摩選書，二〇一二年）——自孟子時代以來，「惡」一直是中國哲學中備受討論的主題。本章對此主題略有涉及，並推薦希望深入了解的讀者參閱本書。這本書以嶄新的切入點探討自古以來的哲學問題。

12 譯註：「口之於味也，有同耆焉；耳之於聲也，有同聽焉；目之於色也，有同美焉。至於心，獨無所同然乎？心之所同然者何也？謂理也，義也。」

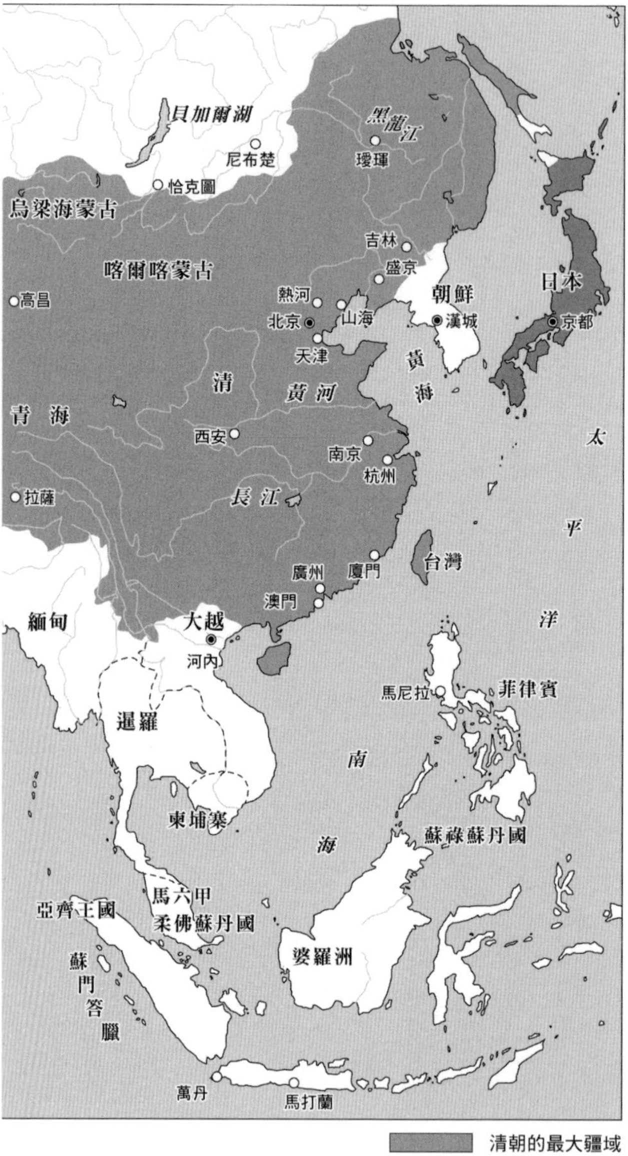
貝加爾湖
尼布楚
黑龍江
璦琿
恰克圖
烏梁海蒙古
吉林
盛京
喀爾喀蒙古
朝鮮
日本
高昌
熱河
山海
北京
漢城
京都
天津
黃
海
清
黃河
青 海
西安
南京
杭州
太
拉薩
長江
平
台灣
廣州
廈門
澳門
洋
緬甸
大越
河內
馬尼拉
菲律賓
暹羅
南
東埔寨
蘇祿蘇丹國
海
馬六甲
亞齊王國
柔佛蘇丹國
婆羅洲
蘇
門
答
臘
萬丹
馬打蘭
清朝的最大疆域

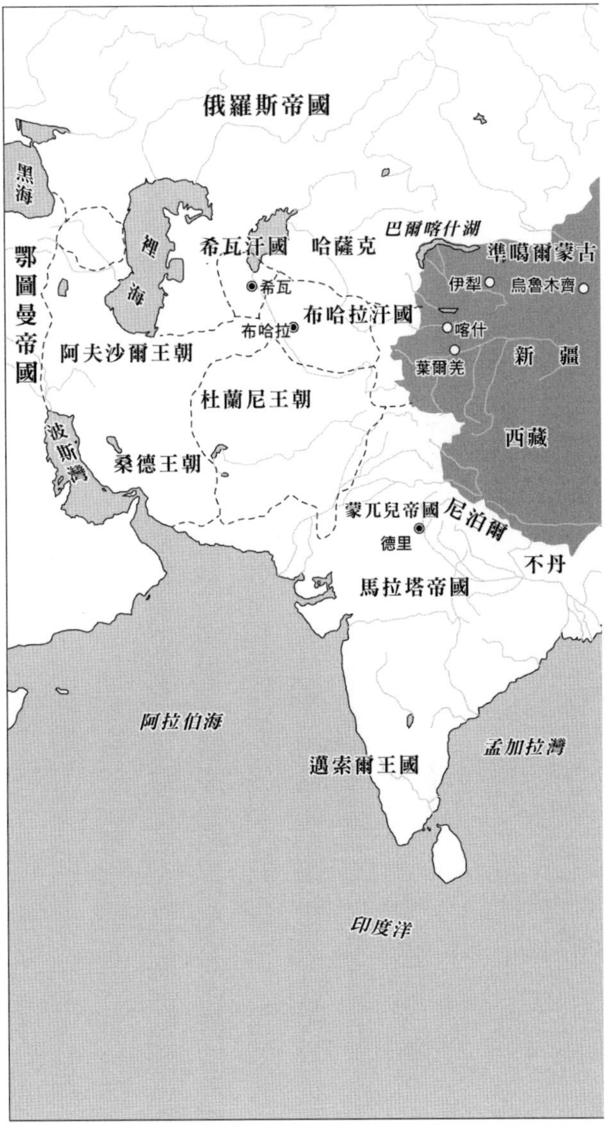
俄羅斯帝國
黑海
裡海
希瓦汗國
哈薩克
巴爾喀什湖
準噶爾蒙古
鄂圖曼帝國
希瓦
伊犁
烏魯木齊
布哈拉汗國
布哈拉
喀什
阿夫沙爾王朝
葉爾羌
新疆
杜蘭尼王朝
波斯灣
西藏
桑德王朝
蒙兀兒帝國
尼泊爾
德里
不丹
馬拉塔帝國
阿拉伯海
孟加拉灣
邁索爾王國
印度洋

十八世紀的亞洲

CHAPTER

ten

第十章

江戶時代的「情感」思想

高山大毅

江戸時代の「情」の思想

一、「情感」的解放？

受到嚴厲道德束縛的人類「情感」，隨著時代的進展而逐漸獲得解放。在研究江戶時代的思想史和文學史時，有時會使用這種思維框架來加以整理。在許多情況下，朱子學被定位為壓抑「情感」的思想，而批判朱子學的伊藤仁齋（一六二七—一七〇五）與荻生徂徠（一六六六—一七二八）的研究，則被高度評價為解放「情感」的思想。這種歷史觀源自丸山真男在《日本政治思想史研究》中所收錄的論文，並由中村幸彥等人引入文學研究。儘管這是較舊的思維，現在已較少被直接使用，但現今的文學史仍經常按照這種方式編寫。而在思想史研究的領域中，有時也有人認為，當時的知識分子之所以受到影響，是因為他們的「情感」受到壓抑。

然而，「情感」解放的框架中存在多種問題。

大致而言，「情感」解放的框架是以解放程度越高，狀態越好為前提。然而，這真的成立嗎？即使人們承認從道德主義中解放「情感」，卻幾乎沒有人會支持那些基於性別或民族歧視他人的「情感」。對於所謂政治正確的窘迫感的抱怨經常出現，這是否正是因為那些被認為是自由和進步的社會中，對個人「情感」的約束要求格外嚴格呢？因此，「情感」的解放與社會的進步之間並不一定存在正相關的保障。

此外，衡量某一思想對於「情感」的解放程度是相當困難的。例如，提倡對於不正當戀情保持寬容的思想，常常被視為對「情感」的解放。然而，這是否同時也對於厭惡不善的「情感」——在儒學中稱為「羞惡」——存在壓迫呢？認為戀情比「羞惡」更需要解放的價值觀並非自明之理（而這種價值觀在過去的許多研究中隱含為前提，這本身就是一個有趣的問題）。因此，衡量「情感」解放程度的標準極其不明確。

因此，本章不會依賴於「情感」解放的框架，而是專注於江戶時代關於「情感」的討論潮流。在這個過程中，不會使用與西方哲學類比的說明方式。這似乎與名為《世界哲學史》的系列宗旨略顯不符。然而，正如本書中超過一半的章節關於西方思想所顯示的，《世界哲學史》的嘗試正是努力擺脫以西方為中心的觀點。簡單的類比可能會引起誤解，讓人誤以為近代日本的思想也能夠透過西方思想的框架來理解。為了避免這種誤入歧途的情況，本章將不會將江戶時代的思想翻譯成西方思想的術語，而是致力於將其翻譯成清晰的現代日文（因此，原文的引用也將限於最低限度）。如果現代日文翻譯得當，並且能夠與同時代其他地區的思想並列，江戶時代的「情感」思想在《世界哲學史》中的定位將自然會清晰明朗。

首先要討論的是朱子學的「情感」論。雖然朱子學並未被德川政權採用為支持體制的正統學說，但作為一種標準學說，它在學術界仍具有一定的權威性。因此，我們有必要首先提出並說明這一觀點。

二、儒學的「情感」論

朱子學中的「情感」論

當我們看到孩子即將掉進井中，心中難免會想：「危險！」並立即跑向孩子身邊。在儒家思想中，此時產生的情感被稱為「惻隱之情」（「惻」與「隱」皆有不忍與悲痛之意）。在朱子學中，「惻隱」被視為人內心與生俱來的道德，並透過「情感」表露出來。

朱子學重視「惻隱」等道德情感，並主張不應消滅「喜怒哀樂」等易變的情感，而是應保持適度的節制。朱子學認為，試圖杜絕「情感」等心靈活動的觀點，類似於佛教的異端教義。

以嚴謹著稱的朱子學者淺見絅齋（一六五二—一七一二）表示：「詩與歌若出於義理，便不是詩歌。由情而生，毫無義理始為歌之醍醐味」（《常話雜記》），這一說法並不令人意外。他認為文章以道理談論道德，而詩歌則不同，而詩歌的精髓則在於道德性所引導的情感表達。

根據朱子學，「情感」被「人欲」導向不善的方向。因此，人必須透過學問修養來消除「人欲」，以使自己內在的道德性（即「本然之性」）自然地發揮出來。每個人天生就擁有完整的道德性，而克服「人欲」的過程正是回歸人類本真的樣貌。由於人們擁有相同的道德性，當這種道德性充分發揮時，人與人之間的見解差異將會消失。儘管在現實中人類各自不同，朱子學認為他們在根本上是相同的（根源同一性）。

若依循此思想，「情感」只有一種正確的樣貌，其他皆是偏差。因此，朱子學中關於「情」的討論常常陷入善與惡的二元論。

朱子學的《詩經》論，也體現了「情感」的二元論。

在《詩經》的解釋史上，一個重要的問題是我們如何看待作為經典的《詩經》中包含的許多放蕩內容的民謠（如國風的鄭風和衛風詩）。針對這一問題，朱熹在《論語集注》中提出了如下解答：《詩經》不僅收錄了善的詩歌，還包括惡的詩歌。善的詩歌激發人們的良知，讓他們心中產生「必須如此」的想法；而惡的詩歌則刺激人們對不善的厭惡，使他們心中產生「絕對不應如此」的感受。由此可見，無論是善的詩歌還是惡的詩歌，都能引導人們的「情性」達到正確的狀態（這裡的「性」與「情」相對，指的是一種心靈不為外界所動的狀態）。

朱熹將《詩經》中各種內容的詩歌分為善與惡，並認為兩者都能引導「情性」朝向善的狀態。無論是詩篇中所表達的情感，還是詩篇讀者所感受到的情感，朱熹都以善惡二元對立的方式進行論述。

「人情」理解論——仁齋學與徂徠學

江戶時代中期的儒學家，如伊藤仁齋和荻生徂徠，對朱子學根源的同一性主張進行批判（批判的背景稍後再述）。根源同一性最初源自佛教學說，是宋代以來受佛教影響的儒學（宋明理學）所共有的思想。透過對根源同一性的批評，仁齋和徂徠開拓了以往宋明理學思考框架中難以談論的問題範疇，特別是理解他者「情感」的問題。

從根源同一性的立場來看，理解他者「情感」的問題往往會被忽略。重要的是自己的「情感」是否符合與生俱來的道德本性，而理解他者的「情感」，即使不一定是善的，則並不具有太大意義。此外，只要自己的「情感」處於正確的狀態，就不需要去體諒或貼近他者的「情感」。因為自我與他者源自同一根源，只要處於正確的狀態，自我與他者的「情感」應該是相一致的。

另一方面，伊藤仁齋則強調理解與衡量他者情感的重要性。朱子學認為人生來就具備完整的道德，而仁齋對此有所不同，他認為人類與生俱來的資質存在差異。雖然大多數人具有向善的傾向，但這種傾向並不一定可靠（仁齋也認為有些人內心存在缺陷，未必具備性善的傾向）。在仁齋的學說中，「道」最初是指與他人相處的正確方式，因此，理解他者的情感對於培養自己的良知，以及與他人建立充滿關愛和正確的關係至關重要。

伊藤仁齋的長子伊藤東涯（一六七〇—一七三六）將父親的論點應用於《詩經》的解釋中（以下摘自《讀詩要領》）。東涯認為，《詩經》中各篇詩歌所描寫的是「人情」，人們可以透過學習《詩經》來理解世間各種情感。如果一個人具備良好的人文意識，就能理解他人行為背後不得不如此的情感，從而成為一個寬容且「柔和」的人。這樣一來，人類就能與他人建立良好的關係。東涯指出，《詩經》中收錄不合禮法的詩歌，絕非為了讚美其中描寫的情感，而是因為人們在處世中必須了解這種類型的情感。

順帶一提，伊藤東涯的弟子穗積以貫（一六九二—一七六九）與近松門左衛門有著密切的交往，據說他曾協助近松的創作（以貫之子——近松半二，後來成為了淨琉璃[1]的作者，留下了許多至今仍在上演的名作）。以貫的存在雖然未必直接影響東涯的論述或近松的作品，但可能顯示出二者之間某種重疊的部分。近松的心中劇觀眾，或許透過淨琉璃，感受到心中事件背後那種不得不如此的男女情感，流下了感動的淚水。

荻生徂徠的主張與東涯相同，他認為透過學習《詩經》，可以理解各種立場之人的情感（即「人情」）。他曾指出：「透過《詩經》，高位者能了解低賤者的想法，男性能理解女性的心情，聰明者能洞察愚者的心。」此外，他認為學習《詩經》可以「自然地讓心變得更圓融」，這一立場也與東涯的思想非常相似（見於《徂徠先生問答書》）。

然而，與東涯相比，徂徠更傾向於將對「人情」的理解與統治問題相連。徂徠認為，古代的執政者有時會依據《書經》的內容做出政治決策。為了避免將《書經》中的文句生搬硬套地應用於各種情況，他會試圖閱讀《詩經》中的詩歌，以理解處於不同立場之人的情感（見於《辨明》）。

綜上所述，仁齋和東涯父子與徂徠相同，他們認為，與其區分善惡之「情」，不如理解他者的「情感」，並了解各種類型的「情感」，以此更加寬厚待人。因此，這一論述可以統稱為「人情理解論」。

「人情」理解論可能與重視多樣性等當代思潮相呼應，但這一觀點也與日本近世不完全且不平等的階級制度社會有關。

徂徠的弟子服部南郭（一六八三—一七五九）對於「人情」的理解提出了一套發人深省的理論（見於《與巖邑侯》）。他認為，研究《詩經》以理解「人情」的思想在後來的中國被遺忘，主要是因為秦代以後中國已經不再擁有世襲的統治階級。在古代，統治階級不熟悉其他階級的「情感」，因此他們需要透過《詩經》來理解「人情」。而在後來的中國，平民也能擔任宰相，為政者對民情有更深刻的理解，這使得這種必要性消失，因此中國逐漸遺忘了《詩經》的原本功用。南郭認為，當時的日本仍然存在僵固的階級制度，因此學習《詩經》對於執政者來說是十分有益的。

在此姑且不論南郭對歷史的理解是否正確，但他將世襲的僵固階級制度與對「人情」的理解連結起來的論點非常發人深省。延伸南郭的理論，由於江戶時代日本的階級制度區分非常明

■

1　譯註：淨琉璃是日本傳統人偶劇，發展成熟於江戶時代，以精緻的演出和情感豐富的劇情著稱。在表演中，操控者操作人偶，搭配三味線伴奏，並唱出特定曲調。劇情常圍繞愛情和悲劇，探討複雜的人性。

確，因此自然而然地認為每個階級的價值觀與情感有所不同。因此，人若不學習與自己立場相異者的「情感」，就無法輕易理解他者。另一方面，隨著社會流動性的提高，「人人皆為人」的觀念逐漸增強，但對於理解與自己相異的情感類型的興趣卻可能隨之減弱。朱子學於宋代誕生，當時因科舉制度的擴大，導致世襲階級制度崩解，讓中國社會朝向流動的方向發展。「情感」的認知與「人情」理解論雖皆以根源同一性為基礎，但因近世中國與日本社會結構的差異而有所不同。

三、「知物哀」說與「粋」、「通」

本居宣長的「知物哀」說

本居宣長（一七三〇—一八〇一）是日本國學家，以研究《古事記》等文本而聞名。他通曉漢學，並在儒者的「人情」理解論方面獲益良多。堀景山（一六八八—一七五七）是宣長學習漢學的老師，雖然他是一名朱子學者，但受到仁齋學的影響，並與徂徠有交流。他的《詩經》論與東涯、徂徠的理論屬於同一類型。景山認為學習《詩經》是為了理解「世間人情的酸甜」（見於《不盡言》）。懂得「人情」的惡（酸）與善（甜），就能成為一個圓融的人，這是對「人情」理解論簡單易懂的說明。而宣長早年的著名論點——「知物哀」說，正是「人情」理解論的延伸。

宣長認為「知物哀」可大致分為「知物之心」與「知事之心」兩種（以下宣長的探討出自於《紫文要領》與《石上私淑言》）。

所謂的「知物之心」，就是眼見花朵時，能理解「這花朵是多麼美麗」的意趣。宣長所說的「物之心」，就是指物的「意趣」與風情。

此「物之心」被解釋為「物之本質」，並將「知物哀」說發展為知識論。然而，宣長並未對於掌握「物之本質」的過程及人類的認知結構進行原理性的探究，因此解釋者們便透過各種理論加以補充，以填補其空白之處。然而，這種理解過去思想的方式並不妥當，因為宣長對知識論範疇的問題並不感興趣。對於江戶時期的其他思想家，也可以進行類似的知識論探討，但這樣的探索背後或許反映出一種以西方思想為藍本的觀點，即認為優秀的思想體系必須探討知識論。然而，除了知識論，還有許多其他重要的思想領域，因此這種觀點可以被視為一種先入之見。

回到主題的「知物哀」說，「知物哀」的第二種類型為「知事之心」。所謂的「知事之心」，具體是指自己在碰上難過的事時感到悲傷，或看到有人碰到難過的事，可推測他「應該很悲傷」並一起傷心（這同樣適用於能帶來喜悅等正向情緒的事）。

宣長認為，和歌與《源氏物語》等故事詳細描繪了「人情」的各種面向，透過閱讀這些作品，我們可以成為「知物哀」的人。舉例來說，讀者能將自己投射到故事人物上，理解各種情感類型，也能推測現實生活中遇見他者的情感，從而理解他人。可能有人認為，「知物哀」的人應該是一位內向、細膩且感性的文學青年，然而，宣長心目中的「知物哀」人物形象並非如此。他所謂的「知物哀」，等同於「通曉世事並能妥善處理世事的人，必定是思想高雅的人」。也就是說，宣長認為「知物哀」之人是通曉人情世故、擁有圓融性格的人。基於和歌和故事詳細描繪人類各種情感的前提，宣長這番說法並不奇怪。考慮到我們在現實生活中所接觸的人類情感類型有限，甚至可以說，透過和歌與故事學習的人會比一般人更了解人情世故。為了說明文學教育的重要性，我們不妨重新評估宣長論證的前提。

此外，宣長也主張，「知物哀」的人們之間會形成美好的秩序。只要父母與孩子、統治者與被統治者都能顧及彼此的感受並採取相應的行動，在這種狀態下就不需要外來的儒教學說。事實上，他認為唐（中國）人壓抑「情感」，假裝通曉大道理的賢人，反而會成為這一秩序的障礙。

「知物哀」人們所形成的秩序，透過互相推測對方的心情來實現和諧，這或許讓人聯想到強調「察言觀色」的同調壓力社會。確實，兩者在某些方面存在相似之處。然而，宣長理想中的「知物哀」之人，不僅僅是等待他人的忖度，而是會主動將自己的心情詠唱出來。根據宣長的說法，和歌透過美麗的表達方式吐露自己的心情，能讓他人比普通言語更深刻地理解自己的情感。這種透過和歌進行的互動，能夠順利引導人們達成心情的共鳴。

對於那些在和歌創作上猶豫不決的人，宣長認為，人們常常會被各種事物所感動，因此應該能夠創作出抒發心情的和歌。從日本神話時代到「中昔」（指平安時代到南北朝時期），各個階層的人都會詠唱和歌。即便在今天，孩童也會咿咿呀呀地唱歌，昆蟲和鳥類也用美麗的聲音歌唱。而身為人卻不理解歌道，難道不是一件令人感到難堪的事嗎？根據宣長的論點，現代日本大多數人不再詠唱和歌，這或許在語言溝通中存在著重大的缺陷。

「粋」與「通」

宣長的「知物哀」說在當時的思想中並未孤立存在，它不僅與仁齋學和徂徠學有所關聯，還與當時以「遊廓」（江戶時代的合法風月場所）為中心流行的「粋」和「通」的概念相連。

「粋」在日文中可以寫作「水」，用來表達一個人洒脫、優雅，如水般的柔韌，與之相對的是「月」（即「野暮」），意指剛從山中出來的人，缺乏風情。此外，「粋」還可以寫作「推」，用於形容善於「揣摩」人情的微妙之處，表示對情感的深刻理解。

另一方面，「通」是比「粋」更晚出現的概念，大約於十八世紀後半在江戶地區開始流行。據說上方[2]的「粋」在江戶被稱為「通」，因此很難嚴格區別這兩者意義的差別。「通人」經常指稱「通」曉人情世故，性情溫和且能夠圓融處理各種紛爭的人物。可見，「粋」與「通」都與「人情」的理解密切相關。

在江戶時代，人們普遍認為「戀愛之情」是所有情感中最深奧的一種。當時提到「情之道」便是指戀之道或色之道（在解放「情感」的思維中，特別重視戀情的原因之一正是這種對「情感」的傳統認知）。宣長也意識到了這一點，他認為和歌與故事完整地描寫了戀愛之「情」的千迴百轉，這一點優於漢詩。

在江戶時代的遊廓中，客人與遊女（性工作者）的關係被比擬為戀情關係。因此，在「粋」與「通」的討論中，經常出現這樣的觀點：透過在聲色場所了解「戀愛之情」，可以洞察「人情」的細微變化，從而成為一個溫和的人。落語（日本的單口相聲）中的橋段「明烏」描述了一位商人擔心自己死腦筋的兒子的未來，為了讓他學習世事，便拜託熟悉這行的人帶他去吉原[3]。透過遊廓學習人世間的「人情」，這一發想在當時並不罕見。

順帶一提，宣長年輕時在京都遊學，經常出入島原和祇園，這應該與「粋」的概念有所關聯。當時也有一種說法認為，透過出入聲色場所可以「知物哀」。因此，宣長的「知物哀」說在某種程度上可能受到「粋」美學意識的影響。

更有趣的是，關於「通」的思維所產生的秩序觀與「知物哀」一說非常相似。朋誠堂喜三二（一七三五—一八一三）在其作品《案內手本通人藏》中，以《假名手本忠臣藏》中的所有登場人物都是「通人」的設定為基礎展開故事。本作品中的人物都通曉「人情」的細微之處，能「推測」對方的立場，並憑藉機智穩妥地在引發紛爭之前解決問題（自然不會出現流浪武士攻入砍殺的情況）。該作的序言寫道：「若世人都團結起來，世上將會越來越和平，沒有紛爭。」雖然這只是一篇俏皮的作品，但其主張似乎是相當認真的。

在《案內手本通人藏》和類似的作品（如《通增安宅關》）中，也可以看到另一種「通」的發想，巧妙地利用賄賂來防止紛爭。這種觀點在考量「人情」理解論的消極面向時，顯得相當有趣。

通曉「人情」的人對賄賂往往心慈手軟。他們推測對方想要財物的心情，因此會行賄取悅；而當別人給予他們賄賂時，他們也會推斷賄賂背後的意圖，從而接受這些贈品。這樣以揣測他者情感為首要考慮的行為便難以杜絕，尤其是當賄賂能順利解決問題而不引起麻煩時，這種情況會變得更加嚴重。

▌

2 譯註：「上方」是指江戶時代主要包括京都、大坂在內的地區名稱。在某些情況下，這一稱謂僅指京都，或是指包含京都周邊地區的整個近畿地方。

3 譯註：「吉原」是江戶時代的聲色場所聚集地，位於今天的東京都台東區。

四、「人情」理解論與「振氣」論

宣長的「知物哀」說與「通」概念的盛行之間並沒有直接的影響。這兩者都是「人情」理解論的一種，可以說是在思想史上的兄弟關係。理解身處不同立場的人的心情，並成為一個溫和的人——這一觀點在十八世紀後半的日本相當盛行。

也許有人會連結「人情」理解論與日本人的民族性，並評斷這是一種「非常具日本人風格的思想」。然而，這一結論過於武斷，因為自十九世紀以後，「人情」理解論逐漸式微。

在寬政改革（一七八七—一七九三）[4]之後，透過強烈的言行來振奮人們活力的思想開始廣泛流傳，取代了「人情」理解論。這一思想以「氣」的膨脹與收縮概念來表達活力的消長，筆者將其稱為「振氣」論（振：振作、鼓舞、振奮；氣：元氣、正氣、士氣）。在近世的中國思想中，對此相關議題的關注並不存在，而在近世的日本思想中，直到江戶中期也不曾見到。於寬政時期，在政治改革的脈絡下，開始有人主張「振氣」論；到了江戶末期，振氣論則超越了政治立場的對立，成為許多人的思考規範。在明治時期的文獻中，振氣論多次出現，確實延續到近代的思潮。

在「振氣」論中，並不重視理解立場相異的他者情感。人們自然會受到激烈的政治行動或充滿激情的詩歌的鼓舞，在擴大共鳴的過程中，缺乏對他人感受的考量。相比之下，「人情」

理解論理想中的圓融人格在「振氣」論中則被視為優柔寡斷、毫無氣概。

「振氣」論認為，除非是極端邪惡的言行，否則人們對激烈言行的感受是一致的，不會因地位或立場的差異而有所不同。相比之下，「人情」理解論則是針對江戶時期的階級社會而提出的，而「振氣」論則可以視為對「人情」理解論不足之處的回應。

正如「振氣」論的興盛所呈現的那樣，日本的思想並非完全偏向「人情」理解論。即便不將其與日本人論、日本文化論連結起來，江戶時代的「情感」思想仍非常值得反思。而「惻隱」、「人情」理解、「振氣」可翻譯如下（①對應「惻隱」，②對應「人情」理解，③對應「振氣」）。

①看到戰亂地區孩子為飢餓所苦的照片，覺得「好可憐，想要幫助他們」。

②閱讀有關戰亂地區的小說或真實案例，思考該地區人們的心境並產生共鳴。

③看到有人為支援戰亂地區的人們而展開堅定的政治運動，而為之感動和激勵。

4　譯註：「寬政改革」是江戶時代晚期，由重臣松平定信推動的一系列政治和經濟改革。由於沉重的年貢和商業高利貸，導致農民負擔過重，土地荒蕪。改革措施包括重整幕府綱紀、重農抑商、獎勵耕作、禁止色情文學，以及整頓財政。寬政改革最終未能振興農村經濟，反而引發商人不滿，於一七九三年以松平定信辭職而結束。

①、②、③在如今都稱之為「同情」，但這三者的性質卻是不同的，思想的主軸不同，便可導出不同的道德觀、社會秩序觀。

例如，①、③的情感是瞬間發生的，而②的情感產生往往要耗費較多的時間以理解對方。此外，①和③之間也有差異，在③中，同情者與被同情者之間存在一種情感（「必須幫助戰亂地區的人們！」）的共享，但在①中，是否存在此共享則令人懷疑。他們不會共享孩子們的痛苦情感（「好難過」、「肚子好餓」），①的人反而本能地覺得正在經歷困難的孩子「他們很可憐」而已。「惻隱之心」出處的《孟子》之所以提出孺子將落入井中的例子，其實別有深意。因為孺子前往井邊時，其實毫無悲苦，更可能是充滿喜悅地接近，因此抱持著「惻隱之情」者，其實並未同情到孺子的情感（②是與對象共享著情感，而③與此點相近）。

透過使用江戶時期的論據，我們可以用「同情」的模糊概念來區分整體的情感。在當前的日本，強調「同情」的主張較容易獲得人們的贊同（其他地區可能也是如此）。不過，有時這種贊同可能只是表面上的同床異夢。在整理與「同情」相關的討論時，江戶時代的「情感」思想應能發揮極大的效用。

延伸閱讀

日野龍夫（校註），《本居宣長集》（新潮日本古典集成，新潮社，一九八三年）——對宣長的《紫文要領》與《石上私淑言》做了詳細並簡單易懂的註釋。日野解說的「『知物哀』說之來歷」，如今在古典研究中也頗具啟發性。

渡邊浩，《日本政治思想史：十七至十九世紀》（東京大學出版會，二〇一〇年）——由於本章只聚焦於「情感」，因此僅提及了仁齋、徂徠、宣長學問體系中的一部分。本書為優異的通史，希望各位讀者可以藉此了解江戶時期思想的其他面向。

田尻祐一郎，《至今如何了解心：江戶思想史概說》（平凡社新書，二〇一六年）——以「心」為主題，「概說」神道、佛教、儒學與日本國學等江戶思想的各個領域，作者豐富的學識在本書展露無遺。

高山大毅，〈「知物哀」說與「通」的講義：本居宣長的初期定位〉（《國語國文》第八十四卷十一號，二〇一五年）；高山大毅，〈到「振氣」論：以水戶學派與古賀侗庵為線索〉（《政治思想研究》第十九號，二〇一九年）——本章節以這兩篇論文為基礎寫成（後者已於網路上公開）。關於至今的研究與本稿的關係請參閱此兩篇論文。

後記　伊藤邦武

「如果將哲學史從西方哲學史這個狹窄的框架中解放，並讓它在世界哲學這個更廣大的舞台發展會怎麼樣呢？」本系列世界哲學史就是在此發想下出發的，至今已經出版了五冊。本冊與下一冊的內容都是近代的世界思想，在這一時代，和過去一樣，我們盡可能地不偏重於西方思想，並以更寬廣的視角來看世界各地思想狀況的異同，嘗試在其差異性、類似性、連續性的鴻溝中有新的發現。

由於我本人專攻十九世紀到現代的美國哲學與歐洲哲學，因此在參與編輯哲學史書籍時，我都是在與自己專攻並密切相關的領域工作，與此同時，我也經常自問，是否可以從一個更加全球化的視角來發展哲學史的整體概念。透過本次的編輯工作，對於這些問題，我的確得到些許答案，也有踏實的感受，這讓我感到非常欣喜。

然而，在這次的編輯過程中，卻碰上了無法預料的狀況，也就是新冠肺炎在全世界的大流行，這意味著我們面臨著一個任誰都無法避免的根本性危機，同時也給我們一個重新思考哲學作用的好機會。傳染病的大規模傳播是政治問題、經濟問題、科學問題，也是生態系的問題，我們應該從不同觀點來看待。在哲學方面，伏爾泰在《憨第德》（一七五九年）中描寫了里斯本的大地震，卡繆則是在小說《瘟疫》（一九四七年）中刻劃了在阿爾及利亞小都市中與瘟疫奮戰的人們，這兩部著作皆描寫了世界規模的苦難及人類存在的形上學問題。

卡繆的小說發表在第二次世界大戰剛結束之後，當我們將當時折磨著地中海小城的人們所遭受的流行病，與現在展開在我們所面前的全球危機相比時，我們為時代變遷所帶來的巨大變化而感到不知所措。但另一方面，我們也可以說，無論危險與不幸的規模是大是小，毫無道理可言的不幸與人類之間的對峙，在本質上是相同的。在《瘟疫》中登場的人物，雖然有完全不同的職業和信念，最後卻仍選擇團結，以抵抗世界粗暴地強壓給人類的「沉重」與「異質性」。如今我們在疫情這個災難中，我們再次祈禱人類可以透過睿智，團結一心地克服這次的危機。

在此危機時刻，本書的執筆者和所有參與的人員不辭辛勞，克服了諸多不便和困難，使本書得以順利出版。在本系列叢書出版以來，筑摩書房編輯部的松本健先生為我們處理所有編輯上的問題，我在此衷心感謝松本健先生的熱心協助。

作者簡介

伊藤邦武（Ito, Kunitake）（編者、前言、第一章、後記）

一九四九年生，京都大學榮譽教授。京都大學文學研究科博士課程中退；史丹佛大學研究所哲學科碩士畢業。專攻分析哲學、美國哲學。著有《實用主義入門》（筑摩新書）、《宇宙為何會成為哲學問題》（筑摩primer新書）、《珀斯的實用主義》（勁草書房）、《詹姆士的多元宇宙論》（岩波書店）、《話說哲學的歷史》（中公新書）等作品。

柘植尚則（Tsuge, Hisanori）（第二章）

一九六四年生，慶應義塾大學文學部教授，大阪大學大學院文學研究科修畢博士課程後退學。大阪大學博士（文學）。專攻英國倫理思想史。著作有《英國的倫理學者》（研究社）、《增補版良心的興亡：近代英國道德哲學研究》（山川出版社）、《倫理學準備》（弘文堂）等。

西村正秀（Nishimura, Seishu）（第三章）

一九七二年生，滋賀大學經濟系教授，京都大學大學院文學研究科修畢博士課程。博士（文學）。於伊諾利大學芝加哥分校修畢哲學博士課程，Ph.D.（哲學）。專攻西方中近世哲學、知覺的哲學。著有論文〈關於約翰・洛克知識論中觀念與性質的類似〉（《哲學研究》五八三號）、〈Leibniz on the ontological status of bodies〉（《哲學》五八號）、〈概念主義與指示詞概念的形成〉（《科學哲學》4812號）等。

王寺賢太（Oji, Kenta）（第四章）

一九七〇年生，東京大學人文社會系研究科教授，東京大學大學院人文社會系研究科博士課程期滿退學，巴黎楠泰爾大學博士（法國文學）。專攻法國近代現代思想史。編著書籍有《Éprouver l'universel - Essai de géophilosophie》（合著者Paris, Kimé）、《現代思想與政治》與《「Post 68年」與我們》（以上兩部為共編，平凡社）等。

山口雅廣（Yamaguchi, Masahiro）（第五章）

一九七六年生，龍谷大學文學部副教授，京都大學大學院文學研究科修畢博士課程。博士（文學）。專攻西方中世紀哲學、宗教哲學。著作有《西方中世紀的正義論》（共同編著，晃洋書房）、《哲學世界之旅》（合著，晃洋書房）等。譯書為《中世紀哲學：CAMBRIDGE COMPANION》（合譯，京都大學學術出版會）。

西川秀和（Nishikawa, Hidekazu）（第六章）

一九七七年生，大阪大學外國語學部非常任講師，早稻田大學大學院社會科學研究科修畢博士課程。專攻美國史、美國總統。著作有《美國歷代總統大全（出版一至六）》（大學教育出版）、《美國人的故事（已出版一至四）》（悠書館）等。

長田藏人（Osada, Kurando）（第七章）

一九七二年生，明治大學農學部講師，於格拉斯哥大學哲學研究所修畢博士課程，於京都大學大學院文學研究科修畢博士課程，為博士（文學）。專攻西方哲學史。著有論文〈康德的本體論證明批判〉（《日本康德研究》第二十卷）、〈「常識」的概念與康德的思想形成〉（牧野英二編，《新康德讀本》法政大學出版局）、〈亞當・史密斯之道德運氣問題與良心〉（《倫理學年報》第五十七集）等。

岡崎弘樹（Okazaki, Hiroki）（第八章）

一九七五年生，日本學術振興會特別研究員（PD），巴黎第三大學阿拉伯研究社會學博士，於京都大學、大阪大學等擔任非常任講師。專攻阿拉伯近代政治思想、敘利亞的政治文化研究。著作有《阿拉伯近代思想家的專制批判》（東京大學出版會）。譯書有《敘利亞獄中獄外》〔沙雷（Yassin al Haj Saleh）著，Misuzu書房〕。

石井剛（Ishii, Tsuyoshi）（第九章）

一九六八年生，東京大學大學院總合文化研究科教授，東京大學人文社會系研究科修畢博士課程。博士（文學）。專攻中國哲學。著作有《齊物的哲學：章太炎與中國現代思想的東亞經驗》（華東師範大學出版社）、《戴震與中國近代哲學：從漢學到哲學》（知泉書館），合著有《知識的指南：傾聽不同的聲音》與《為了編寫話語的哲學》（以上兩部為白水社）等。

高山大毅（Takayama, Daiki）（第十章）

一九八一年生，東京大學大學院總合文化研究科副教授，東京大學大學院人文社會研究科修畢博士課程。博士（文學）。專攻近世日本思想史、近世日本漢文學。著作有《近世日本的「禮樂」與「修辭」：荻生徂徠以後的「待人」制度構想》（東京大學出版會），譯書為《徂徠集序類》一、二（合譯，平凡社）。

久米曉（Kume, Akira）（專欄一）

一九六七年生，關西學院大學文學系教授，京都大學大學院文學研究科修畢博士課程。博士（文學）。專攻英國哲學、分析哲學。著作有《休謨的懷疑論》（岩波書店）、《休謨讀本》（合著，法政大學出版局），譯書為《是什麼組成了社會性》（伊恩・哈金著，合譯，岩波書店）等。

松田毅（Matsuda, Tsuyoshi）（專欄二）

一九五六年生，神戶大學大學院人文學系教授，京都大學大學院文學研究科修畢博士課程後退學，於德國奧斯那布呂克大學取得哲學博士。專攻歐洲近代哲學。著作有《萊布尼茲的知識論》（創文社）、*Der Satz vom Grund und die Reflexion : Identität und Differenz bei Leibniz*（Peter Lang）、《部分與整體的哲學》（編、合著，春秋社）、《哲學的歷史》第五卷（合著，中央公論新社）等。

戸田剛文（Toda, Takefumi）（專欄三）

一九七三年生，京都大學大學院人類與環境學科教授，畢業於京都大學總合人類學系，於京都大學大學院人類、環境學研究科取得博士學位。專攻西方近代哲學。著作有《關於世界》（岩波Junior新書）、《柏克萊：唯心論、科學、常識》（法政大學出版局），編著《從現在開始的哲學入門》（京都大學學術出版會），譯書為《希勒斯和菲勒諾斯的三個對話》（岩波文庫）等。

三谷尚澄（Mitani, Naozumi）（專欄四）

一九七四年生，信州大學人文學部副教授，於京都大學大學院人文科學研究科修畢博士課程。博士（文學）。專攻哲學、倫理學。著作有《可以念哲學嗎：對於文科無用論的小小反駁》與《給年輕人的「死」之倫理學》（以上為中西屋出版），《新康德讀本》（合著，法政大學出版局）等。

橋爪大三郎（Hashizume, Daisaburo）（專欄五）

一九四八年生，大學院大學至善館教授，東京工業大學名譽教授。於東京大學大學院社會學研究科修畢博士課程後退學。專攻社會學。著作有《真正的法華經》（合著，筑摩新書）、《皇國日本與美國大權》（筑摩選書）、《能了解世界的宗教社會學入門》（筑摩文庫）、《橋爪大三郎的政治、經濟學講義》與《橋爪大三郎的社會學講義》（以上為筑摩學藝文庫）、《日本危機》（合著，筑摩書房）、《共濟會》（小學館新書）等。

年表

＊粗體字為哲學相關事項

西元	歐洲、美國	北非、亞洲（東亞以外）	中國、朝鮮	日本
1600年	**1600年，耶穌會神祕主義者蘇林（Jean-Joseph Surin）出生（-1665年）。** **喬爾丹諾·布魯諾被處以火刑。**	**1607/8年，什葉派哲學家伕完薩利（Agha Hossein Khansari）出生（-1686/7年）。**	**1603年，《天主實義》於北京出版。**	1600年，關原之戰。 1603年，德川家康成立江戶幕府。 1609年，荷蘭在平戶開設商館。
1610年	1613年，支倉常長等人前往歐洲（-1620年）。 1618年，三十年戰爭（-1648年）。	1619年，荷蘭，在爪哇島設置東印度公司總督，建設巴達維亞。	**1610年，黃宗羲出生（-1695年）。** **1611年，方以智出生（-1671年）。** **1613年，顧炎武出生（-1682年）。** **1619年，王夫之出生（-1692年）。**	1614年，大坂冬之陣。 1615年，大坂夏之陣。 **1619年，山崎闇齋出生（-1682年）。熊澤蕃山出生（-1691年）。**
1620年	1620年，五月花號抵達美洲大陸。 **1623年，帕斯卡出生（-1662年）。** **1627年，波以耳出生（-1691年）。**	**1624年，遜尼派法律學者、納克什班迪教團的蘇非派艾哈邁德·希爾欽迪（Ahmad al-Sirhindi）過世。** 1628年，沙賈汗即位，印度的伊斯蘭文化來到全盛期（在位-1658年）。	**1622年，柳馨遠出生（-1673年）。**	**1620年，不干齋巴鼻庵出版《破堤宇子》。** **1621年，木下順庵出生（-1699年）。** **1627年，伊藤仁齋出生（-1705年）。**

西元	歐洲、美國	北非、亞洲（東亞以外）	中國、朝鮮	日本
1630年	1632年，史賓諾莎出生（-1677年）。洛克出生（-1704年）。 1637年，笛卡兒出版《方法論》。 1638年，尼可拉斯・馬勒布朗奇（Nicolas Malebranche）出生（-1715年）。	1633年，庫姆學派哲學家賽義德・肯名（Saʿid Qomi）出生（-1691年）。	1633年，梅文鼎出生（-1721年）。 1635年，顏元出生（-1704年）。 1636年，清朝建立（-1912年）。閻若璩出生（-1704年）。	1635年，中江藤樹開辦藤樹學院。 1637年，島原之亂（-1638年）。
1640年	1640年，英國清教徒革命（-1660年）。 1641年，笛卡兒出版《沉思錄》。 1642年，牛頓出生（-1727年）。伽利略過世。 1646年，萊布尼茲出生（-1716年）。 1648年，歐洲各國簽訂《西發里亞和約》，結束三十年戰爭。 1649年，笛卡兒出版《論靈魂之激情》。	1641年，伊朗、印度的科學家米爾・芬德列斯基（Mir Fendereski）過世。敘利亞的蘇菲派神學家阿卜杜勒賈尼・納布爾希（Abd al-Ghani al-Nabulsi）出生（-1731年）。	1641年，權尚夏出生（-1721年）。 1642年，李光地出生（-1718年）。 1644年，清朝開始支配中國。張獻忠率領軍隊攻陷成都，自封「大西皇帝」。 1645年，《西洋新法曆書》完成。	1641年，將荷蘭商館移至出島，完成鎖國。

西元	歐洲、美國	北非、亞洲（東亞以外）	中國、朝鮮	日本
1650年	1650年，笛卡兒過世。 1651年，霍布斯出版《利維坦》。		1654年，利類思翻譯了《神學大全》第一部的部分為《超性學要》（-1677年）。	1652年，淺見絅齋出生（-1712年）。 1657年，新井白石出生（-1725年）。德川光開始編纂《大日本史》。 1658年，室鳩巢出生（-1734年）。
1660年	1660年，英國，斯圖亞特王朝復辟。倫敦王家學會成立（現在仍在運作）。 1666年，法蘭西學會成立。	1662年，什葉派神學家阿卜杜勒拉扎克·拉希吉（Abd al-Razzaq Lahiji）過世。	1661年，康熙皇帝登基（-1722年）。鄭成功占領台灣。 1662年，明朝完全滅亡。 1663年，黃宗羲完成《明夷待訪錄》。	1662年，伊藤仁齋設立古義堂。 1666年，荻生徂徠出生（-1728年）。
1670年	1677年，史賓諾莎出版《倫理學》。 1679年，霍布斯過世。	1670年，什葉派哲學家拉扎布·阿里·大不里士（Rajab Ali Tabrizi）過世。	1673年，三藩之亂（-1681年）。 1677年，安文思將《神學大全》第三部補遺翻譯為漢文。李東出生（-1727年）。	1670年，伊藤東涯出生（-1736年）。

西元	歐洲、美國	北非、亞洲（東亞以外）	中國、朝鮮	日本
1680年	1683年，鄂圖曼帝國軍隊第二次包圍維也納 1685年，柏克萊出生（-1753年）。 1687年，牛頓出版《自然哲學的數學原理》。 1688年，光榮革命 1689年，孟德斯鳩出生（-1755年）。洛克出版《政府論》英國制定了權利法案。	1680/1年，什葉派哲學家穆赫辛・卡沙尼（Mohsen Fayz Kashani）過世。	1681年，李瀷（李星湖）出生江永出生（-1762年）。 1682年，韓元震出生（-1751年）。 1683年，鄭氏投降，台灣成為清的領土。	1680年，太宰春台出生（-1747年）。 1683年，服部南郭出生（-1759年）。 1687年，山縣周南出生（-1752年）。
1690年	1694年，哈奇森出生。（-1746年）。魁奈出生（-1774年）。伏爾泰出生（-1778年）。	1691年，什葉派神學家卡吉・賽義德・肯名過世。 1699年，鄂圖曼帝國與歐洲各國簽訂《卡洛維茨條約》。	1697年，惠棟出生（-1758年）。	1690年，山井崑崙出生（-1728年）。 1697年，賀茂真淵出生（-1769年）。 1699年，根本遜志出生（-1764年）。
1700年	1700年，柏林科學院成立。 1701年，普魯士王國成立。 1706年，班傑明・富蘭克林出生（-1790年）。 1707年，大不列顛王國成立。	1703年，伊斯蘭瓦哈比派創始人穆罕默德・伊本・阿卜杜勒瓦哈布（Muhammad ibn Abd al-Wahhab）出生（-1792年）。		1703年，安藤昌益出生（-1762年）。 1707年，富士山爆發。 1709年，荻生徂徠設立蘐園塾。

西元	歐洲、美國	北非、亞洲（東亞以外）	中國、朝鮮	日本
1710年	1711年，休謨出生（-1776年）。1712年，盧梭出生（-1778年）。1713年，狄德羅出生（-1784年）。1714年，英國，漢諾威王朝成立（-1901年）。1717年，達朗貝爾出生（-1783年）。	1715年，什葉派哲學家穆拉・穆罕默德・拿拉奇（Mulla Muhammad Mahdi Naraqi）出生（-1795年）。	1716年，《康熙字典》成書。1719年，莊存與出生（-1788年）。	約1715年，新井白石完成《西洋紀聞》。1716年，享保改革開始。
1720年	1723年，亞當・斯密出生（-1790年）。1724年，康德出生（-1804年）。1729年，柏克出生（-1797年）。	1722年，什葉派哲學家米爾扎・穆罕默德・薩迪克・阿德斯塔尼（Muhammad Sadiq Ardestani）過世。	1720年，王鳴盛出生（-1797年）。1723年，雍正皇帝登基（-1735年）。雍正皇帝禁止天主教傳教1724年，戴震出生（-1777年）。紀昀出生（-1805年）。1727年，趙翼出生（-1812年）1728年，錢大昕出生（-1804年）。1729年，雍正皇帝頒布《大義覺迷錄》。	1723年，三浦梅園出生（-1789年）。1724年，懷德堂設立。

西元	歐洲、美國	北非、亞洲（東亞以外）	中國、朝鮮	日本
1730年	1739年，休謨出版《人性論》（-1740年）。	1731年，敘利亞的神祕思想家阿卜杜勒・加尼・納布爾西過世。	1735年，段玉裁出生（-1815年）。乾隆皇帝登基（-1795年在位）。 1738年，章學誠出生（-1801年）。	1730年，本居宣長出生（-1801年）。中井竹山出生（-1804年）。
1740年	1740年，奧地利王位繼承戰爭（-1748年）。 1743年，孔多塞出生（-1794年）。傑佛遜出生（-1826年）。 1748年，孟德斯鳩出版《法意》。邊沁出生（-1832年）。		1744年，王念孫出生（-1832年）。	1742年，《公事方御定書》頒布。 1748年，山片蟠桃出生（-1821年）。
1750年	1756年，1755年，盧梭出版《論人類不平等的起源》。 七年戰爭爆發（-1763年）。 1758年，羅伯斯比爾出生（-1794年） 1759年，亞當・史密斯出版《道德情感論》。	1753年，謝赫派創始者謝赫・艾哈邁德（Shaykh Ahmad）出生（-1826年）。 1756年，什葉派神祕思想家努爾・阿里・沙阿（Nur ‘Ali Shah）出生（-1798年）。 1757年，普拉西戰役。		1755年，海保青陵出生（-1817年）。
1760年	1762年，盧梭出版《民約論》、《愛彌兒》。 1763年，英法簽訂《巴黎和約》，七年戰爭結束。 1769年，瓦特改良蒸汽機。	1763年，鄂圖曼帝國宰相、藏書家拉吉卜・帕夏過世。 1765年，英國東印度公司獲得孟加拉、比哈爾邦、奧里薩邦的統治權。	1763年，焦循出生（-1820年）。 1764年，阮元出生（-1849年）。 1766年，王引之出生（-1834年）。	1767年，曲亭馬琴出生（-1848年）。

西元	歐洲、美國	北非、亞洲（東亞以外）	中國、朝鮮	日本
1770年	1770年，黑格爾出生（-1831年）。 1775年，謝林出生（-1854年）。 1776年，《美國獨立宣言》發布。湯瑪斯・潘恩出版《常識》。	1772/4年，英屬印度學者拉姆・莫漢・羅伊（Ram Mohan Roy）出生（-1833年）。	1776年，戴震完成《孟子字義疏證》。劉逢祿出生（-1829年）。	1776年，平田篤胤出生（-1843年）。
1780年	1781年，康德出版《純粹理性批判》。 1783年，英美簽訂《巴黎和約》，承認美利堅合眾國獨立。 1788年，康德出版《實踐理性批判》叔本華出生（-1860年）。 1789年，法國通過了《人民與公民權利宣言》。美國聯邦政府成立。	1783年，遜尼派法律學者、神學家伊布拉欣・巴裘利（Ibrahim al-Bajuri）出生（-1860年）。 1784年，亞洲協會於加爾各答成立。	1782年，《四庫全書》完成。	1780年，賴山陽出生（-1832年）。 1782年，會澤正志齋出生（-1863年）天明大饑荒（-1787年）。 1783年，淺間山爆發。 1787年，寬政改革開始（-1793年）。
1790年	1792年，法國，法蘭西第一共和（-1804年）。 1798年，孔德出生（-1857年）。	1792年，什葉派思想家哈迪・薩卜澤瓦爾（Hadi Sabzavari）出生（-1873年） 1798年，謝赫派神祕思想家卡齊姆・拉修迪（Kazim Rashti）出生（-1843年）。 拿破崙遠征埃及（-1799年）。	1792年，英國馬戛爾尼使節團抵達中國。龔自珍出生（-1841年）。 1794年，魏源出生（-1857年）。 1796年，川楚教亂（-1804年）。	1790年，設立昌平坂學問所。 1798年，本居宣長完成《古事記傳》。

西元	歐洲、美國	北非、亞洲（東亞以外）	中國、朝鮮	日本
1800年	1804年，法國，拿破崙受加冕為皇帝，建立第一帝國（-1814年）。法屬聖多明哥獨立為海地。 1805年，特拉法加海戰。奧斯特里茨戰役。托克維爾出生（-1859年）。 1806年，約翰·史都華·彌爾出生（-1873年）。 1807年，黑格爾出版《精神現象學》。美國禁止奴隸貿易。 1809年，林肯出生（-1865年）。普魯東出生（-1865年）。	1801年，里法阿·泰赫塔維出生（-1873年）。	1808年，段玉裁完成《說文解字注》。	1806年，藤田東湖出生（-1855年）。 1808年，間宮林藏到樺太探險。 1809年，橫井小楠出生（-1869年）。
1810年	1812年，英美戰爭 1814年，法國，波旁王朝復辟（-1830年）。巴枯寧出生（-1876年）。 1818年，馬克思出生（-1883年）。	1817年，印度哲學家迪貝德拉那·泰戈爾（Debendranath Tagore）出生（-1905年）。 1819年，布特魯斯·布斯塔尼（Butrus al-Bustani）出生（-1883年）。	1810年，陳澧出生（-1882年）。 1816年，阿美士德抵達中國。 1818年，江藩出版《漢學師承記》。	1811年，佐久間象山出生（-1864年）。

西元	歐洲、美國	北非、亞洲（東亞以外）	中國、朝鮮	日本
1820年	1820年，恩格斯出生（-1895年）。	1824年，達亞南德・薩拉斯瓦蒂（Dayananda Saraswati）出生（-1883年）。 1828年，梵教會（Brahmo Samaj）於印度成立。	1821年，俞樾出生（-1907年）。 1829年，《皇清經解》出版。	1825年，異國船驅逐令。
1830年	1830年，法國，七月王朝成立（-1848年）。 1839年，帕爾斯出生（-1914年）。	1834/6年，羅摩克利須那（Ramakrishna）出生（-1886年）。 1838年，夏布・強德拉・森（Keshub Chandra Sen）出生（-1884年）。 1838/9年，賈邁勒丁・阿富汗尼出生（-1897年）。	1832年，章學誠出版《文史通義》。 1837年，張之洞出生（-1909年）。	1833年，天保大饑荒（-1839年）。 1835年，福澤諭吉出生（-1901年）。 1837年，大鹽平八郎之亂。
1840年	1842年，威廉・詹姆斯出生（-1910年）。 1844年，尼采出生（-1900年）。 1846年，美墨戰爭（-1848年）。 1848年，法國，法蘭西第二共和（-1852年）。	1840年，普拉塔普・強德拉・馬宗達（Protap Chunder Mozoomdar）出生（-1905年）。 1849年，穆罕默德・阿布都出生（-1905年）。	1840年，鴉片戰爭（-1842年）。 1842年，王先謙出生（-1917年）。 1848年，孫詒讓出生（-1908年）。	1841年，天保改革（-1843年）。 1847年，中江兆民出生（-1901年）。

西元	歐洲、美國	北非、亞洲（東亞以外）	中國、朝鮮	日本
1850年	1852年，法國，法蘭西第二帝國（-1870年）。 1856年，佛洛伊德出生（-1939年）。 1857年，索緒爾出生（-1913年）。 1859年，胡塞爾出生（-1938年）。柏格森出生（-1941年）杜威出生（-1952年）。	1855年，阿卜杜勒·拉赫曼·卡瓦基比出生（-1902年）。 1856年，阿迪布·伊沙克出生（-1884年）。 1857年，印度民族大起義爆發。 1858年，蒙兀兒帝國滅亡，英國直接統治印度。	1851年，太平天國之亂（-1864年）。 1854年，嚴復出生（-1921年） 1856年，英法聯軍（-1860年）。 1858年，康有為出生（-1927年）。	1853年，美國培里艦隊航行至浦賀。 1854年，日美簽訂親善條約。 1858年，日美修好通商條約。
1860年	1863年，美國解放奴隸宣言頒布。 1864年，馬克斯·韋伯出生（-1920年）。	1861年，尤爾吉·宰丹出生（-1914年）。羅賓德拉納德·泰戈爾（Rabindranath Tagore）出生（-1941年）。 1863年，卡西姆·阿敏出生（-1908年）斯瓦米·維韋卡南達（Swami Vivekananda）出生（-1902年）。 1865年，拉希德·里達出生（-1935年）。 1869年，甘地出生（-1948年）。	1865年，譚嗣同出生（-1898年）。 1866年，孫文出生（-1925年）。 1868年，章炳麟出生（-1936年）。	1867年，大政奉還，王政復古大號令頒布。

西元	歐洲、美國	北非、亞洲（東亞以外）	中國、朝鮮	日本
1870 年	1870 年，法國，法蘭西第三共和成立（-1940 年）。列寧出生（-1924 年） 1879 年，愛因斯坦出生（-1955 年）。	1872 年，奧羅賓多·高斯（Aurobindo Ghose 出生）（-1950 年） 1877 年，印度帝國成立（-1947 年）。	1873 年，梁啟超出生（-1929 年）。 1877 年，王國維出生（-1927 年）。 1879 年，陳獨秀出生（-1942 年）。	1870 年，西田幾多郎出生（-1945 年）。 1875 年，福澤諭吉出版《文明論之概略》。
1880 年	1883 年，雅斯培出生（-1969 年）。 1889 年，維根斯坦出生（-1951 年）。海德格出生（-1976 年）。	1885 年，印度國民大會黨創立。 1888 年，阿里·阿卜杜勒·拉齊克出生（-1966 年）。 1889 年，塔哈·海珊出生（-1973 年）。	1881 年，魯迅出生（-1936 年）。 1885 年，熊十力出生（-1968 年）。 1889 年，李大釗出生（-1927 年）。	1889 年，大日本帝國憲法頒布。
1890 - 1900 年	1898 年，美西戰爭。 1899 年，海耶克出生（-1992 年）。 1903 年，阿多諾出生（-1969 年） 1906 年，漢娜·鄂蘭出生（-1975 年）。列維納斯出生（-1995 年）。 1908 年，梅洛龐蒂出生（-1961 年）。李維史陀出生（-2009 年）。	1897 年，羅摩克利須那傳道會成立。 1905 年，孟加拉分治、自治與「我們的國家」運動之起始。 1906 年，哈桑·班納出生（-1949 年）。賽義德·庫特布出生（-1966 年）。	1891 年，胡適出生（-1962 年）。康有為出版《新學偽經考》。 1893 年，毛澤東出生（-1976 年）。梁漱溟出生（-1988 年）。 1894 年，東學黨起義。甲午戰爭（-1895 年） 1895 年，馮友蘭出生（-1990 年）。 1897 年，康有為出版《孔子改制考》。 1898 年，戊戌政變。創辦京師大學堂。嚴復出版《天演論》。	1890 年，日本政府頒布《教育敕語》。 1894 年，甲午戰爭（-1895 年）。日本殖民台灣。 1902 年，日英同盟。 1904 年，日俄戰爭（-1905 年）。

國家圖書館出版品預行編目(CIP)資料

世界哲學史. 6, 近代篇. I, 啟蒙時代的思想變革：理性與情感 / 伊藤邦武, 山內志朗, 中島隆博, 納富信留, 柘植尚則, 西村正秀, 王寺賢太, 山口雅廣, 西川秀和, 長田藏人, 岡崎弘樹, 石井剛, 高山大毅, 久米曉, 松田毅, 戶田剛文, 三谷尚澄, 橋爪大三郎著；張哲鳴譯. -- 初版. -- 新北市：黑體文化, 遠足文化事業股份有限公司, 2025.01

面；　公分.(空盒子；9)

ISBN 978-626-7512-40-1(平裝)

1.CST: 哲學史 2.CST: 文集

109　　　　113018622

特別聲明：

有關本書中的言論內容，不代表本公司／出版集團的立場及意見，由作者自行承擔文責。

黑體文化　　讀者回函

空盒子9

世界哲學史6近代篇（Ⅰ）——啟蒙時代的思想變革：理性與情感

世界哲学史6古代Ⅰ啓蒙と人間感情論

作者・伊藤邦武、柘植尚則、西村正秀、王寺賢太、山口雅廣、西川秀和、長田藏人、岡崎弘樹、戶石井剛、高山大毅、久米曉、松田毅、戶田剛文、三谷尚澄、橋爪大三郎｜編者・伊藤邦武、山內志朗、中島隆博、納富信留｜譯者・張哲鳴｜監譯・山村｜校譯・楊雅筑｜責任編輯・涂育誠｜美術設計・林宜賢｜出版・黑體文化／遠足文化事業股份有限公司｜總編輯・龍傑娣｜發行・遠足文化事業股份有限公司（讀書共和國出版集團）｜地址・23141新北市新店區民權路108之2號9樓｜電話・02-2218-1417｜傳真・02-2218-8057｜客服專線・0800-221-029｜客服信箱・service@bookrep.com.tw｜官方網站・http://www.bookrep.com.tw｜法律顧問・華洋法律事務所・蘇文生律師｜印刷・中原造像股份有限公司｜排版・菩薩蠻數位文化有限公司｜初版・2025年1月｜定價・450元｜ISBN・9786267512401・9786267512555（EPUB）・9786267512548（PDF）｜書號・2WVB0009